Gesundheit und der Weg

iWand© & iWand 2© – der gesunde Puls

Die in diesem Buch angegebenen Gesundheitstipps und Behandlungsmöglichkeiten, ersetzen keinen Arzt oder Heilpraktiker und sollen lediglich als Information dienen.

Robert A. A. Klaushofer

Gesundheit und der Weg

iWand© & iWand 2© – der gesunde Puls

2016 Robert A. A. Klaushofer
Bilder Robert Klaushofer
Mitwirkende – Manuela Klaushofer

ISBN: 9783741281952

Herstellung und Verlag:
BoD – Books on Demand, Norderstedt.

Index

Vorwort	5
Was ist der iWand©?	21
Reinigung	24
Wie wenden wir das Gerät an	25
iWand© & iWand 2©	28
Möglichkeiten der Behandlungsdauer	32
Der Unterschied von iWand© und iWand 2©	35
Wirkungsweise	37
Der iWand© im Einsatz	39
Die einzelnen Meridiane und ihre Bedeutung	42
Das Gouverneur Gefäß	43
Zentralgefäß	45
Herz - Meridian	46
Körperumrandung	48
Dreifacherwärmer	49
Dünndarm - Meridian	50
Dickdarm - Meridian	52
Gallenblasen - Meridian	54
Der Leber - Meridian	57
Der Lungen - Meridian	59
Magen - Meridian	61
Kreislauf Sexus - Meridian	63
Milz - Meridian	67
Nieren – Meridian	69

Die Meridiane Erklärung	72
iWand© und iWand 2© wie und was	76
Anwendungszonen	77
Anwendung für die Augen	83
Die Kurzanwendung zusammengefasst	84
iWand© die Hilfe bei Schmerzen, Unwohlsein	86
Organuhr	88
Fallbeispiele	96
Die Blutdruck Regulation	98
Achtung vor Glutamat	99
Diabetes	100
Für unsere Augen	104
Multiple Sklerose MS	109
Anwendungen nach Operationen	111
iWand© -iWand 2© und Heilwasser	112
Möglichkeiten zur einfacheren Anwendung	115
Agnihotra Heile Deine Atmosphäre	118
Wie kann ich die Anwendungen unterstützen	121
Die Drüsen	128
Drüsenaktivierung	131
Kolloidales Silberwasser	132
Interessantes	136
Zum Thema Impfen	137
Hilfreiche Menschen	138

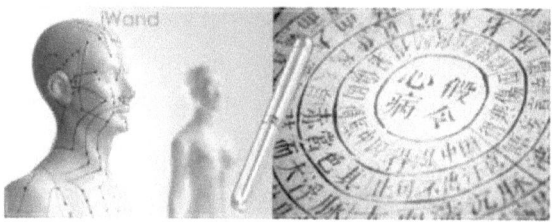

Vorwort

Auf Grund der großen Veränderungen der Produkte und vielen offenen Fragen, habe ich mich entschieden eine Neuauflage zu schreiben und dies auch auf Papier drucken zu lassen.

Einiges hat sich verändert. Der iWand 2© hat den iWand Plus© abgelöst und wird nicht mehr erzeugt. Der iWand 2© hat ein gelbliches Licht bekommen, weil viele Menschen dachten, es sei ein Laser. Von der Wirkung ist der iWand 2©, wie der iWand Plus©‹ vielleicht noch etwas stärker mit einer sehr guten Tiefenwirkung.

Die Geräte, iWand© und iWand 2© sind hervorragende Hilfen zur Genesung. Ich verwende den iWand© sehr oft, fast täglich ist er auch bei uns in der Familie im Einsatz.

Grundsätzlich weiß ich aus meiner langen Erfahrung von 30 Jahren Gesundheitserhaltung, dass alle Beschwerden und unwillkommenen Symptome, einen Konflikt als Ursache haben. Dieser Konflikt will angesehen hinterfragt werden, will man wirklich gesund sein. Gesundheit und Krankheit sind auch eine Einstellungssache, die jeder erkennen kann, wenn wir darauf achten was wir Denken. Denken Sie über Krankheit nach? Haben Sie eine angstvolle Einstellung dazu? Oder freuen Sie sich über Ihren Körper, Ihre Kraft und Gesundheit? Gilt Ihr Interesse der Gesundheit?

Es ist sehr wichtig auf unsere Gedanken und Gefühle zu achten. Wenn wir unsere Gedanken und unsere Sprache nicht verändern, wird sich nichts verändern. So wie wir unsere Gedanken und unsere Sprache bewusst verändern, wird sich unsere Erscheinungswelt auch verändern. Wir dürfen in erster Linie darüber nachdenken und fühlen wer wir sind.

Wir haben einen Verstand, wir sind nicht der Verstand. Wir haben eine Persönlichkeit, wir sind nicht diese Persönlichkeit. So haben wir auch einen Charakter, unsere Gefühle, unseren Körper. Wir sind dies nicht, wir haben das Alles. Also was sind wir? Wir sind reines Bewusstsein und haben Kräfte und

Gesundheit & Lebensfreude

Mächte, von denen Sie nicht mal träumen können, weil diese so wunderbar und fantastisch sind.
Wie kommen wir in unsere Kraft und bewusst in unser Bewusstsein. Wertschätzung ist einer der Wege die wir gehen dürfen. Uns wertschätzen, unseren Körper als das erkennen was er ist. Eine wundervolle absolut perfekte Manifestation und es gibt keinen der ihm gleich ist. Unser Geist ist vollkommen und kann alles nach seinem Willen verändern. Erinnern Sie sich, da wo unsere Aufmerksamkeit hingeht, dort geht auch unsere Energie hin und wird das in unser Leben rufen, worauf wir unsere Aufmerksamkeit richten.
Wir leben nun in einer Zeit, wo alles herausgefordert wird und alles an die Oberfläche kommt. Bei dem einzelnen Menschen, wie auch in allen anderen Bereichen wie Politik, Gesellschaft, Medizin usw. Alle Lügen und Unwahrheiten kommen an die Oberfläche.
So dürfen auch wir mit unserem Versteckspiel aufhören und uns so zeigen, ehrlich und authentisch, wie wir wirklich sind, das wird innere Konflikte vermeiden und helfen alte Konflikte aufzulösen.
Es gibt viel hilfreiche Literatur, die uns hilft, die Situationen in einem anderen Licht zu sehen.
Lise Bourbeau, Dr. Hamer, sind hier als erstes zu

erwähnen. Das Buch von Dr. Hamer hat mir und vielen meiner Klienten schon sehr viel geholfen.
Alles was in uns schlechte und unzufriedene Gefühle und Gedanken erzeugt, kann und wird sich negativ auf unsere Gesundheit auswirken.
Wenn wir begreifen wie einzigartig und wundervoll wir sind und dadurch erkennen, dass der Körper extreme Selbstheilungskräfte besitzt, die wir mit unserem Geist auch lenken können, sind Krankheit und unangenehmes Altwerden, Vergangenheit.
Dazu mehr in meinem nächsten Buch, denn dieses Thema füllt ein eigenes Buch.

Dieses Büchlein, soll mit seinen Tipps und Anwendungsmöglichkeiten helfen, den gewünschten Erfolg, mit dem iWand© und iWand 2© näher zu bringen.

Im Folgenden, werde ich nur die Bezeichnung iWand© für beide Geräte benutzen und die abweichenden Eigenschaften des iWand 2©, extra beschreiben.
Ich habe vor fast sechs Jahren mit dem iWand© begonnen und ich glaube es hat nur sehr wenige Tage gegeben, an welchen er frei hatte ☺. Seither empfehle ich die iWand´s© und die erfolgreichen Anwendungen, welche ich durch viele Erfahrungen

sammeln durfte, weiter. Es ist immer eine Frage der Priorität, doch ich denke, einer der iWand´s© gehört in jede Hausapotheke.

Der iWand© ist auch kein Gerät, zum Glauben, Hoffen und Vertrauen, dass er wirkt, sondern ein ganzheitliches Therapiegerät, dass auch sehr gut zur Prävention eingesetzt werden kann.
Weiter unten werde ich noch einige Erfahrungen, privat, wie auch aus der Praxis anführen.

Wenn Sie den iWand© anwenden, werden Sie außer dem kühlen Metall auf Ihrer Haut, nicht viel spüren, was eine sehr gute Eigenschaft ist, um angenehme Anwendungen für Kinder zu ermöglichen. Ich hatte erst wenige Sensible oder feinfühlige Menschen bei mir, die auch die Anwendung stark spürten. Wenigen war der iWand 2© am Anfang zu stark, da empfiehlt es sich, erst mit dem iWand© anzufangen.

Die Wirkung ist meist schnell zu bemerken, wenn Sie wegen Schmerzen, den iWand© anwenden, da diese bei ca. 80 %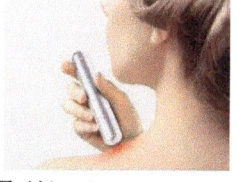
der Menschen, innerhalb von 7 bis 15 Minuten verschwinden oder sehr nachgelassen haben.

Es kommt immer darauf an, was man will, intensive Behandlungen oder Anwendungen die Ihre Gesundheit unterstützen und erhalten. Wir in unserer Familie, sind oft sehr dankbar, dass wir in der Situation sind, einen solchen Luxus in unserem Leben genießen zu können. Viele schmerzende Situationen mit unseren Kindern und Tieren, sind durch die einfachen Anwendungen mit dem iWand©, schnell verbessert oder beseitigt worden.
Wenn Sie etwas in die Materie eintauchen wollen, dürfen die Meridiane und auch etwas die ›Traditionelle chinesische Medizin‹ beachtet werden.

Jedes Unwohlsein, alles was in unserem Körper von einem „normalen Gesundheitszustand" abweicht, hat zur Folge, dass der oder die entsprechenden Meridiane, disharmonisch sind und von ihrer natürlichen Funktion abweichen, vielleicht sogar durch eine Blockade ganz stillstehen.
Wenn Sie jeden Tag 10 Minuten den iWand© bei sich anwenden, können Sie Ihre Meridiane, in die zu dieser Zeit bestmögliche Funktion bringen, was die Gesundheit sehr unterstützt.

Wenn ich nach einem langen Tag den iWand© bei mir anwende, bemerke ich immer sehr schnell, wie ich wieder in meine Mitte, in meine Kraft komme. Natürlich ist schon allein die Tatsache, dass Sie etwas für sich tun, eine gewisse Erleichterung, denn eine positive heilende Einstellung, ist sehr wirkungsvoll und sehr unterstützend für die Regeneration.

Um auf allen Ebenen ausgeglichen und gesund zu sein, sind die iWand´s©, in Kombination mit den Kolzov Platten eine optimale Möglichkeit.
Der iWand© wirkt hauptsächlich körperlich. Manche sagen er wirke nur körperlich, doch ich habe erfahren dürfen, dass wenn ich meinen Körper in einen positiven Zustand bringe, auch meine Gefühle, meine mentale Ebene und somit alle anderen Ebenen, ebenso positiv mitschwingen. Alles ist miteinander verbunden und so haben wir hier die Möglichkeit, über die körperliche Ebene auf unser ganzes Sein harmonisierend einzuwirken.

Mit den Kolzov Platten haben Sie dann die Möglichkeit, spezielle Themen und Ursachen zu behandeln. Diese Funktionskorrektoren von S. Kolzov gibt es für die körperliche, mentale, emotionale und

die kosmoenergertische Ebenen.

Nach ein paar Stunden Computerarbeit, ist eine Kurzbehandlung mit dem iWand©, Dauer ca. 7 bis 10 Minuten und ein paar Minuten Anwendung an den Augen, eine wohltuende Erleichterung und ich merke wie sich meine Gefühle wieder harmonisieren und meine Energie zurückkehrt.

Ich kenne einige Menschen, die Behandlungsmöglichkeiten gegen ihre Beschwerden, mit dem iWand© begleitend unterstützen und viele, die keine großen Beschwerden haben und mit dem iWand© ihren Organismus in die bestmögliche Funktion bringen.

Wenn Sie jeden Tag Ihre Anwendungen machen und auch in das Thema, des „WARUM", Ihrer unerwünschten Umstände einsteigen, werden Sie viel Erfolg und tiefe Erkenntnisse haben.

Gesundheit ist eine Lebenseinstellung, so wie auch Krankheit. Wichtig dabei, wie zuvor beschrieben ist, dass wir uns so viel wie möglich über uns informieren und lernen auf unseren Körper zu hören und zu achten.

Gesund kann Sie nichts und niemand machen, nur SIE SELBST. Sie können Ihre Gesundung und den Weg dorthin, mit dem iWand© angenehmer gestalten und von seinen Wirkungen profitieren. Sie dürfen, in diesen Prozess einsteigen, eine Verbindung mit Ihrem Körper aufnehmen und lauschen was er braucht. Unser Körper weiß alles.

Wenn Sie auf Ihren Körper hören, ihn pflegen und ihm geben was er braucht, ist der halbe Weg schon gegangen. Dann sind Sie in der glücklichen Position, dass Sie Ihre Aufmerksamkeit voll und ganz Ihrer seelischen, emotionalen und mentalen Ebene schenken können und sich auf Gesundheit einstellen.

Alles was wir erleben, hat seine Ursache und Sinn, daher ist es wichtig zu erkennen, warum Sie sich diese Situation geschaffen haben, was ja an und für sich eine grandiose Leistung ist.
Alle unsere kleinen und großen Beschwerden, haben eines gemeinsam, sie kamen zu uns, um uns noch vorhandene Unfreiheiten aufzuzeigen oder die Ängste, die noch manipulierende, destruktive Wirkungen haben.

WARUM? Die beste Frage im Universum!

Mit dieser Frage drücken Sie viele Knöpfe in sich und wenn Sie dranbleiben, die Frage in sich aufrechterhalten, werden Sie auch die richtigen Antworten bekommen und alles in Ihrem Sinn und Sein verändern können.

In uns wissen wir alle, warum wir diese oder jene Situation durchleben, wenn wir nur etwas darüber nachspüren – denken und ehrlich zu uns sind. Sehr hilfreich ist es, sich ein zwei Bücher über die Bedeutung der einzelnen Körperzonen zu beschaffen, damit Sie Anfangs nachsehen können, was jene bedeuten. Später werden Sie durch die Kommunikation mit Ihrem Körper, immer klarere Antworten bekommen und die spezifischen Bücher weniger verwenden.

Buch Empfehlung: <u>Ryke Geerd Hamer</u>, <u>Lise Bourbeau</u>, <u>Kurt Tepperwein</u>;

Sie bekommen dadurch eine tiefere Beziehung mit Ihrem Körper und Ihr Befinden. Selbst wenn Sie sich die Zehe anstoßen, ist das nicht von ungefähr und hat seinen Sinn.
Achten Sie auf die kleinen Hinweise, dann können Sie

die großen unangenehmen Hinweise vermeiden. An Hand der kleinen Hinweise, wie: Kopf angestoßen (was denke ich?), in den Finger geschnitten, der Ellenbogen, eine Rüge, die richtige Nachricht, irgendwo zwei Zeilen gelesen und vieles mehr, was wir sehr oft übergehen, kann uns die Antwort bringen, wenn wir aufmerksam sind und die Bedeutung beherzigen.

Wenn Sie gegen Ihre Natur, gegen Ihren Lebensweg, Ihren Glauben, Ihre Einstellung handeln, denken oder fühlen, werden Sie eben solche, mehr oder weniger unangenehmen Hinweise einladen, die Sie auffordern wollen, Ihren Weg zu korrigieren. Wenn Sie diese Hinweise links liegen lassen, also nicht beachten und dann mit dem iWand© Anwendungen machen, wird Ihnen der iWand© zwar helfen, doch Sie werden weiterhin in Ihrer Situation bleiben und immer mehr und heftigere Hinweise bekommen, weil Sie Ihren Körper und Ihren inneren Meister, mit Ignoranz bestrafen. Sie sind ein mächtiges Wesen, daher werden all Ihre Ursachen und Aktionen entsprechende Reaktionen in ihr Leben bringen.

Nach dem Prinzip: „Wer nicht hören will, muss fühlen". Die universalen Gesetze wirken immer, egal ob Sie diese kennen oder nicht.

Ich empfehle jedem etwas in die neue germanische Medizin einzusteigen, denn das ist der Kern der Sache.

Wir leben schon seit vielen Jahren damit und sind allen aufkommenden unangenehmen körperlichen Hinweisen, nach diesen Gesichtspunkten erfolgreich nachgegangen. Das hat zur Folge, dass ich schon seit 38 Jahren, bei keinem Arzt als Kunde/Patient erschienen bin.
Ich versuche Sie verstehen zu machen, dass wenn Sie wissen warum und dann beginnen, die Situation zu verändern, kommen Sie sofort in einen anderen Bewusstseinszustand, weil Sie die Situation erkannt haben und erkannt haben, wie diese auf sie wirkt. Dadurch wird Ihre Einstellung verändert, die Sie lösungsorientierter macht und das Gefühl der Machtlosigkeit, den Umständen ausgeliefert zu sein, verschwindet ganz.

Es geht um die Betrachtungsweise Ihres Lebens. Das Programm, welches in uns im Hintergrund abläuft, wie wir die „Welt" sehen, unsere Masken, die sehr verschieden sind. Bei der Mutter, bei der Frau, beim Mann, auf der Arbeitsstelle usw. . . . Wir bedienen uns verschiedener Verhaltensweisen, da wir glauben,

dass wir so wie wir wirklich sind, nicht angenommen werden oder glauben, dass nur dieses Verhalten das Richtige für die betreffende Person ist, damit diese uns annehmen kann und sich wohl fühlt.
Ich kenne einen Friseur, wo gebeten wird, nicht über Krankheiten zu reden. Dort ist es meistens sehr still. Wir dürfen wieder lernen, uns über das zu unterhalten was wir wollen. Dort wollen wir unsere Energie reingeben. Erlauben Sie sich ab jetzt nur noch maximal 3 Sekunden an ein Problem zu denken und gehen Sie dann gleich über zur Lösung.

Wenn Sie so vorgehen, werden Sie den besten Nutzen für Ihre Gesundheit haben, dann können Sie sich stärken, physisch ins Gleichgewicht bringen und der Zustand wird schneller stabil bleiben, weil Sie geistig die Ursache verstanden haben, also eine veränderte Einstellung, eben lösungsorientiert denken und handeln. Krankheiten werden zu Informationsträgern und sind keine lästigen Erscheinungen mehr, sondern unterstützen unser Erkennen, der immer geltenden natürlichen Gesetzmäßigkeiten.

Wie gesagt, wenn Sie mit dem iWand©, nur die Symptome behandeln, wird sich die Signatur nur

wenig verändern.

Ein Beispiel: wenn ich Magenschmerzen habe, weiß ich, dass ich etwas in meinem Leben zu ernst und bedrohlich nehme. Also meine Einstellung, meine Gedanken, in der Angst stecken, etwas nicht erreichen zu können, etwas ertragen zu müssen. Die verursachende Situation oder der Umstand ist recht einfach zu finden, denn sie werden sich entscheidend von den anderen abheben. Der Magen macht sich bemerkbar, erinnert mich, dass ich nicht auf meine Gefühle und Gedanken geachtet habe oder vielleicht sogar bewusst übergangen bin. Jetzt kann ich in diesem Bereich bewusst mit Liebe, Vertrauen und meiner positiven Absicht hineingehen, den iWand© anwenden und mein Magen wird sich schnell wieder beruhigen und harmonisieren.

Verhaltensmuster die man angenommen hat möchten hinterfragt werden, ob sie noch förderlich sind und noch passen. Ob wir gewisse Aktivitäten, Abläufe, Entscheidungen usw. in unserem Leben noch aufrecht erhalten wollen, uns damit identifizieren können.

Wer sind Sie?
Was macht das aus, was Sie sind?

Warum sind Sie hier und warum in dieser Zeit? Hatten Sie eine Aufgabe, oder wollten Sie hier etwas Spezielles erleben, eine Erfahrung machen, auf die Sie sich gefreut haben?
Es geht darum, wieder mit sich in Kontakt zu kommen, fühlen, spüren, SEIN.

Spüren Sie die Ruhe in sich, gehen Sie so oft wie möglich an diesen Ort in sich, denn dann erst können Antworten kommen und all die Erfahrungen richtig gedeutet, umgewandelt und verarbeitet werden.
Ich möchte gerne den kleinen Unterschied von Gesundheit und dem Zustand der körperlichen unangenehmen Hinweise klarmachen. Ich sage körperliche Hinweise, weil ich nicht an Krankheiten glaube. Krankheiten sind alles Hinweise, wie wir unser Leben leben, erfüllt mit Gesundheit und Liebe oder eben nicht.

Falls Sie spezifische Fragen haben, können Sie mich gerne kontaktieren, denn ich lebe schon einige Jahrzehnte so mit meiner Familie und Krankheiten gibt es kaum und sind für uns Wegweiser zu uns selbst. Glauben Sie, dass das ein Zufall ist? Ganz und gar nicht, denn auch ich durfte leben lernen, weil wir

alle durch unsere Eltern und der staatlichen Erziehung, alles andere, als ein gesundes Leben und Erleben gelernt haben.

Ja, Sie dürfen auch in Ihre Vergangenheit gehen und sich die Entstehungen Ihrer Programme und Ursachen ansehen, am besten Allem und Jedem verzeihen, sich selbst inbegriffen und alles in Liebe annehmen und loslassen, was losgelassen werden will. Sie brauchen nicht unbedingt danach suchen und können immer das nehmen, was sich im Moment meldet, oder unter der Oberfläche auf Aufmerksamkeit wartet.

Nachdem wir alle in einer fremdgesteuerten Gesellschaft aufgewachsen sind, erscheint uns unser natürlicher, eigenverantwortlicher Weg, als unbekannt und nicht selten weit weg. Es ist nur ein Schritt und Sie sind da. Glauben Sie mir, es lebt sich einfacher, freier, schöner und gesünder, wenn Sie die Zügel Ihres Lebens übernehmen. Die Wahrheit ist immer einfach – Lügen sind immer sehr kompliziert – wenn Sie nur mit diesem Wissen in Politik und Medizin schauen, erkennen Sie, dass wir jeden Tag, jede Minute, zum Nutzen Anderer, nur belogen und verführt werden und alles sehr kompliziert dargebracht wird.

Augen auf, dann wird alles einfacher, denn wenn Sie

es sehen und wissen, wissen Sie auch, wie Sie Ihr Leben gestalten und leben können.

Pflegen Sie Ihre Gesundheit wie eine kleine Pflanze, die in den besten Bedingungen aufwachsen will.

Ihre Einstellung ist dabei das Wichtigste.

Ebenso wichtig ist es, dass Sie immer mehr das machen, was Sie wirklich wollen und sich nur mit den Menschen umgeben, die für Sie angenehm und wertvoll sind.

Es ist wissenschaftlich erwiesen, dass wenn wir zu lange Tätigkeiten nachgehen, die wir eigentlich nicht tun wollen, Krankheit und Unbeweglichkeit mit hoher Wahrscheinlichkeit, die Folgen sind. Mit folgenden Ideen und Möglichkeiten von Anwendungen, können sie ihre körperlich, emotionale und mentale Ebene, sich selbst, wieder in ihre Mitte bringen.

Index

Ich wünsche Ihnen viel Freude und Erfolg mit dem Buch und den Anwendungen.
Sei in Liebe gesegnet.

So, nun zum iWand© und iWand 2©

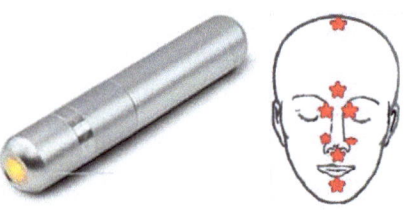

Was ist der iWand© ?

Der richtige Puls für unsere Gesundheit, das Licht dient als Medium.

Das PVA Feld, wird von Licht getragen und auf Körper Gewebezellen pulsiert.
Der Gebrauch von optimalem Lichtspektrum, das als Nadelfreie Akupunktur konzipiert wurde.

Optimierte Licht Pulsfrequenz von 6-8 Hz
Frei von Reizungen und allergischen Reaktionen.
PVA Feld steht für,
Protonen Schwingungs- Ausrichtungsfeld und dies bedeutet, dass die Protonen und Elektronen in einem Atom, von einer unkontrollierten Bewegung, in einen gesteuerten und organisierten Bewegungsablauf verbessert werden. So können die Eigenschaften,

eines jeden Produktes, welches mit dem iWand© behandelt wird, ganz entscheidend in seiner Struktur, Effizienz und Qualität verbessert werden. Diese Technologie basiert auf der Basis der Quanten-Physik und arbeitet nicht auf der im Moment populären Ebene der NANO Technologie, sondern auf der Ebene der wesentlich feineren und intensiveren PICO- Technologie.
Diese arbeitet mit einer Genauigkeit von einem trillionstel eines Meters. Diese Technologie, ist ein sehr effektiver, erfolgreicher und komplett neuer Ansatz, für die es bisher keinen Vergleich gibt.

Diese Technologie wurde bei vielen verschiedenen Produkten bereits sehr erfolgreich angewendet. In der Pico-Welt der Gewebezellen, gibt es eine Menge von äußerst wichtigen Aktivitäten, einschließlich der Übermittlung und dem Austausch von Nährstoffen und Stoffwechselschlacken.

Diese Vorgänge regeln die allgemeine Vitalität und Gesundheit der Zellen und somit der Person, des Menschen selbst.

Weiter unten finden Sie Meridiane und Körperzonen

für die Anwendung mit den iWand´s©. Dies stellt jedoch keine Garantie für Gesundungserfolge dar, sondern soll der Unterstützung bei der Anwendung helfen und Sie Ihrem Körper etwas näherbringen.

Der „Zauberstab" iWand© ist handlich, etwas größer als ein Kugelschreiber und batteriebetrieben. Eine Ladung reicht für ca. 1000 Therapiestunden und er ist äußerst einfach in der Anwendung. Selbst Kinder können ihn ohne Anweisung von Erwachsenen gefahrlos und problemlos anwenden.

Durch eine oft sofortige Befreiung von Energieblockaden in den Meridianen, kann Mensch oder Tier, einen deutlichen Energieschub erleben, die Körperkraft bis zum Maximum des im Moment Möglichen steigern, individuellen Maßstabs. Die Abwehrkräfte und die Leistungsfähigkeit können erhöht werden. Durch eine regelmäßige Anwendung kann dieser Zustand immer stabiler bleiben. Das Gerät eignet sich hervorragend zur Therapie von jeglichen Schmerzen. Es scheint hierbei fast keine Grenzen zu geben.

Reinigung

Sie können den iWand© außen mit einem feuchten Tuch abwischen und vorne an der Linse mit einem Wattestäbchen reinigen. Zum Reinigen können Sie verdünnten Alkohol nehmen. Achten Sie darauf, dass Sie den iWand© nicht zu feucht behandeln, da er nicht wasserdicht ist. Der iWand 2© hingegen ist komplett wasserdicht.
Wenn Sie die Batterien wechseln, empfiehlt es sich auch das Gewinde, innen wie außen, mit einem Wattestäbchen zu reinigen. Da passiert ein Abrieb, vom Auf- und Zudrehen, weswegen manches Mal das Wattestäbchen etwas schwarz wird.

Reinigen Sie den iWand© vorne, bevor Sie einen anderen Menschen oder sich selbst behandeln. Achten Sie darauf, dass der iWand© nicht zu fett wird, wenn Sie ihn in Kombination mit einer Massage mit Öl verwenden. Sonst ist der iWand©, wie der iWand 2© wartungsfrei.

Wie wenden wir das Gerät an ?

Nehmen Sie den iWand© wie einen Stift in die Hand und drehen ihn auf. Ganz wichtig, lassen Sie sich Zeit, bewegen Sie den iWand© langsam auf dem Körper, oder auch wenn Sie einen kleinen Abstand halten. Sehr wichtig ist es, dass die Kleidung nur dünn ist (vorzugsweise natürlicher Stoff), um eine gedämpfte Wirkung zu vermeiden und somit die Anwendung in ihrer vollen Qualität ermöglicht wird. Das Beste ist immer direkt, jedoch nicht Voraussetzung. Eine bequeme Haltung oder Lage, ist sehr von Vorteil.

Ein Beispiel:

Sie fahren zuerst langsam die Hauptmeridiane ab, beginnend auf der Vorderseite dem Zentral- Gefäß von unter dem Bauchnabel, beim Schamhaaransatz, bis nach oben, unter die Unterlippe und verweilen da für ein paar Sekunden.

Dann das Gouverneur- Gefäß vom Steißbein langsam die Wirbelsäule nach oben, bis zum Kopfhaaransatz, Kopfanfang, verweilen da wieder, in dieser Nackenkule ein paar Sekunden und führen den

iWand© dann weiter nach oben zum Scheitelpunkt, der Hypophyse, verweilen da wieder etwas und fahren dann fort bis zum Nasenanfang auf der Oberlippe, in der Nasen- Lippenrille, was auch Notfallpunkt genannt wird.
Dann von der Achsel bis zur Handfläche, um die Fingernägel und wieder nach oben bis zur Schulter. danach werden noch die Seiten gemacht von unter der Achsel bis zur Hüfte und weiter runter bis zur kleinen Zehe. Langsam fortfahren über die Zehenspitzen und von der Spitze der großen Zehe bis zum Innenknöchel, dann nach oben bis zum Schritt. Wechseln zum anderen Bein und dieses ebenso umranden, bis Sie auf der anderen Seite unter der Achsel ankommen.
Danach bestrahlen Sie die Ohrmuschel und den Rand der Ohren, hinten, vorne und innen, da dort sehr viele Akupunkturpunkte zusammenlaufen.

Diese Anwendung sollte und wird bereits eine deutliche Verbesserung bewirken.
Danach können Sie den i Wand an den Handinnenflächen, den Fußsohlen, den betroffenen Stellen anwenden und auch noch spezielle Meridiane abfahren.

Es hat sich gezeigt, dass eine indirekte Anwendung, wie an den Handflächen oder den Fußsohlen, oft bessere Erfolge bringt, als direkte Anwendungen. So empfiehlt es sich beides durchzuführen.

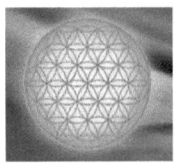

Indirekte Zonen sind

Handteller, Fußsohle, Ohr, Entsprechende Akkupunkturpunkte oder Meridiane.

In den meisten Fällen, kann man weiter machen bis eine 100 %ige Schmerzbefreiung erreicht ist. Dies ist in weit über 90 %, der bis jetzt getesteten Fällen, so erfolgt. Selbst bei langjährigen, chronischen Schmerzen oder Unfallfolgen, konnte immer ein toller Erfolg, eine Erleichterung, erzielt werden.

Das Gerät kann auch direkt auf die offenen Augen gerichtet werden. Wir hatten schon nach einer Behandlung von nur 10 Minuten deutliche

Verbesserungen bei unklarer Sicht. Auch ich selbst, bin immer wieder erstaunt, wie wirkungsvoll diese Anwendung ist, was ich sehr gut nach längerem Lesen auf einem Bildschirm bemerken kann.

iWand© & iWand 2©

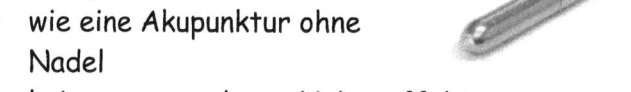

- frei von Reizungen und allergischen Reaktionen
- wie eine Akupunktur ohne Nadel
- keine unangenehmen Nebeneffekte
- absolut sicher und einfach anzuwenden
- tägliche Behandlung zur Vorbeugung
- kann viele verschiedene Arten von Schmerzen reduzieren oder beseitigen, wie z.B. Kopfschmerzen, Schmerzen in Knien, Gliedern, Gelenken, Schultern, Nacken, Rücken, Muskeln
- kann bei vielen Beschwerden und Krankheiten helfen
- kann die optimale Begleitung und Unterstützung für jede Therapie sein

- sie können mit dem iWand© auch beste Heilwässer herstellen, hoch schwingendes Wasser zum Trinken oder um Tinkturen etc. herzustellen
- sie können Ihre Haut und Pflegeprodukte verbessern
- ihre Nahrung optimieren
- ihre Körperkraft stärken
- den gesamten Organismus stärken
- die Aufnahme von Flüssigkeiten in die unteren Hautschichten wird erleichtert auch sehr gut zur Verbesserung von Regenerationsprodukten
- bewirkt sofortige Verbesserung der Mikrozirkulation, ohne den Blutdruck zu verändern
- stärkt das Immunsystem
- unterstützt den Stoffwechsel
- kann Erholung von Müdigkeit und Schmerzen, die durch eine schlechte Mikro-Zirkulation hervorgerufen wurden reduzieren
- anwendbar auf allen Körperteilen inklusive behaarten Stellen, offenen Wunden, Augen und infizierter Haut

Jede Krankheit, ja sogar jedes kleine Unwohlsein, hat ihre Wiederspiegelung in dem dazu passenden Meridian, worauf dieser schneller, langsamer, unharmonisch arbeitet, oder ganz blockiert ist.

In nur wenigen Minuten Anwendung, können Sie Ihre Gesundheit bestmöglich unterstützen und Disharmonien in ein harmonisches Funktionieren der Meridiane und körperlichen Prozesse umwandeln.

Der iWand© ist ein perfektes Geschenk und macht immer Freude.

Sie können damit Anderen helfen und sich selbst einen sehr großen Gefallen bereiten. Es ist eine Investition, die Sie und Ihre Lieben noch lange Zeit dankbar genießen werden.

Ich weiß es aus eigener Erfahrung, denn der iWand© liegt bei uns jeden Tag in einem anderen Zimmer. Ob meine zwei kleinen Mädchen mit 7 und 8 Jahren, meine Frau, ich oder unsere Besucher den iWand© verwendet haben, immer ist er woanders zu finden.

Und so geht's auch → Sie sitzen mit Ihren Lieben zusammen, reden oder machen sonst etwas miteinander und während dessen können Sie den iWand© anwenden und sich gegenseitig an schwer erreichbaren Zonen helfen.

Dabei werden Sie Ihre Mikrozirkulation erhöhen, Ihre Meridiane harmonisieren, Ihre Energie steigern und vieles mehr. So einfach und so schnell kann das gehen!!

Nach 5 bis 10 Minuten, geht dann der iWand© zur nächsten Person in der Runde und so werden viele Kommunikationen mit Familie und Besuch positiv begleitet. Selbst die Kommunikation bekommt immer einen interessanten Aspekt, denn diese Beschäftigung gibt immer einen interessanten Gesprächsstoff und kann uns für unser inneres Wissen öffnen.

Möglichkeiten der Behandlungsdauer

5 bis 15 Minuten zur allgemeinen Gesundheitserhaltung und Vorbeugung.

15 bis 20 Minuten zur Schmerzlinderung, oder nach eigenem Empfinden.

Es gibt mit dem iWand© oder iWand 2©, kein "zu viel", "zu oft" oder "zu lange".

Je nach Sensibilität empfiehlt es sich am Anfang, die Akupunkturpunkte am Kopf, Hals, Nacken und Schultern am Abend mit dem iWand 2© auszulassen. Manche finden es schwer, durch die beschleunigte Blutzirkulation im Kopf, zu schlafen. Sollte getestet werden, wie Sie darauf ansprechen.

Es sollte immer auf beiden Körperhälften gleich mit dem iWand© angewendet werden, auch wenn es das

Organ nur auf einer Seite gibt – wie die Leber und die Milz.

Ein wirksamer Weg der Anwendung ist es, direkt auf den betroffenen Bereichen zu behandeln. Diese Schmerzzentren werden in der chinesischen Medizin Ashi-Punkte genannt.
Dadurch verbessert sich die Mikro-Blut-Zirkulation, werden Entzündungen verringert und die Schmerzen gelindert.

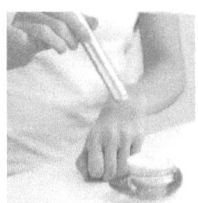

Alternativ können Sie den iWand© zu den entsprechenden Akupunkturpunkten auf den Meridianen zur Schmerzlinderung oder Gesundheitserhaltung führen.

Die Hauptmeridiane „Gouverneur- Gefäß und das Zentralgefäß sollten immer als Einleitung abgefahren werden, denn dadurch werden gleich die sechs Yin und die sechs Yang Meridiane mitbehandelt.

„Qi" bedeutet: Energie des Lebens oder Lebensenergie.

Stress, Wassermangel und unangenehme Gefühle,

ungesunde Strahlungen – Schwingungen, sind die häufigsten Faktoren, die Beschwerden auslösen können.

Aus der Sicht der traditionellen chinesischen Medizin, lassen sich die Ursachen der Schmerzen in zwei allgemeine Kategorien einordnen:
Bedingt durch Staus oder Blockaden von „Qi" (Lebensenergie) in den Meridianen und zwischen den Akupunkturpunkten, oder bedingt durch Mangel an „Qi".

Beide Ursachen resultieren im gleichen Ergebnis, in einem verminderten Fluss von „Qi" und Blutkreislauf.

In der chinesischen Medizin ist bekannt, wenn der Energiefluss in den Meridianen reduziert oder sogar blockiert ist, sind die Folgen Schmerzen und oder Krankheiten.

Der Unterschied von iWand© und iWand 2©

Der iWand 2© ist um vieles stärker als der normale iWand© und völlig wasserdicht.
Ein tragbares nicht-invasives Akupunktur-Gerät, das die Körpermikrozirkulation verbessert, den Stoffwechsel fördert und das allgemeine Wohlbefinden steigert. Mit gewöhnlichem rotem oder gelben Licht als Medium wird das PVA Feld (Protonen Schwingungs- Ausrichtungsfeld) in den menschlichen Körper pulsiert, um die Mikrozirkulation der Lederhaut und Unterhaut sowie der Gewebezellen zu verbessern.
Der iWand 2© wird auch bei Infektionen und zur besseren Wundheilung eingesetzt.
Er ist sehr effektiv bei symptomatischen Schmerzen und gut zur Hautregeneration. Hautpflegeprodukte werden dadurch besser absorbiert und viele Schadstoffinformationen überlagert.

Der iWand 2© hat eine viel bessere Tiefenwirkung und ist wasserdicht, um auch vaginale – orale – so wie anale innen liegende Zonen, besser erreichen zu können.

Begriffe der „Traditionellen chinesischen Medizin"

Es gibt 2 Ausdrücke von zentraler Bedeutung, bei der Arbeit mit dem iWand© und der traditionellen chinesischen Medizin.
Das chinesische Wort "CHI" steht für Energie, » Lebensenergie «. Das ist die Energie, die auch entlang der Meridiane im Körper fließt.

Der Ausdruck "Ashi" steht für Flächen und Punkte am Körper, an denen Schmerz empfunden wird. Wenn wir von ASHI sprechen gibt es 2 Möglichkeiten:

ASHI ist der Bereich, wo wir Schmerz empfinden und wo gleichzeitig der Schmerz durch etwas hervorgerufen wird, was genau an der gleichen Stelle einwirkte.

Beispiel: Sie stoßen sich Ihren Ellbogen an der Tischplatte an und Sie spüren den Schmerz - ASHI - am Ellenbogen. Somit sind Ursache und Symptom an der gleichen Stelle.

ASHI ist nur eine Reaktion, nur ein Symptom auf etwas, während die Ursache sich in einem ganz anderen Teil unseres Körpers befinden kann.

Beispiel: Man hat Kopfschmerzen, die durch zu hohen Blutdruck entstanden sind, die ihre ursprüngliche Ursache, in einem zu niedrigen Niveau von CHI, entlang des Nieren - Magen Meridians oder des Zentralgefäßes sein kann.

In diesem Fall liegt die Ursache im mangelnden CHI entlang dieser Meridiane und Sie fühlen als Symptom Kopfschmerzen.

Also die Punkte von Ursache und Symptom, sind nicht an der gleichen Stelle.

Wirkungsweise

Wenn die Schwingungen von Protonen, in den Atomen, in den Körperflüssigkeiten und Gewebezellen, in einer ungeordneten Bewegung sind, werden diese Aktivitäten mit einer sehr geringen Effizienz durchgeführt. Dies kann man an Hand der Beobachtungen von einem sehr schwachen und langsamen Fluss von Blut in den Kapillaren (Mikrozirkulation) nachvollziehen. Im Falle von Schmerz und Krankheit, ist diese Mikrozirkulation in

dem betroffenen Bereich noch stagnierter und zusammengezogen.
Durch die Anwendung, der Traditionellen chinesischen Medizin, wird die nadelfreie Akupunktur durch die iWand´s©, mit spezieller Mikro-Strom-Anwendung, eine intensivere und schnellere Mikrozirkulation erzielen. Zugleich werden die Bewegungsabläufe der Protonen und Elektronen, in den Atomen im Körper geordnet, Entgiftungs- Aktivierungs- und Harmonisierungsprozesse angeregt.

In der traditionellen chinesischen Medizin ist es ein Grundsatz, wenn CHI entlang der Meridiane, ohne Widerstand und in ausreichender Menge fließt, Schmerzen oder Krankheiten unmöglich entstehen können. Mit der wiederholten Anwendung der iWand´s©, können die Schmerzen in kurzer Zeit reduziert oder sogar beseitigt werden und die Ausgeglichenheit der Gesundheit im Körper, kann zugleich stabilisiert werden, durch die Intensivierung von CHI.

Der iWand© im Einsatz

Das blinkende rote und gelbe Licht zeigt Ihnen an, dass das Gerät in Betrieb ist.
Halten Sie den iWand© direkt auf die Haut oder in einem Abstand von maximal 2 cm. Er funktioniert auch durch normale Kleidung, mit einem kleinen dämpfenden Effekt.
Leder und Metallteile sind zu vermeiden z.B.(Gürtel). Wenn Sie offene Wunden behandeln, berühren Sie die offene Wunde nicht mit dem iWand©, sondern halten Sie den iWand© mit einem kleinen Abstand über der Wunde. Hier hat sich der iWand 2© als effektiver erwiesen.

Da der iWand© keine stark direkt spürbaren Empfindungen verursacht, ist er für die Anwendung bei Kindern sehr praktisch und willkommen.

Der iWand© funktioniert durch Haut, Haare und Felle, somit kann er auch sehr gut bei Tieren eingesetzt werden. Ich habe schon oft eine sofortige Entspannung der Tiere bemerkt. Vielleicht wissen Sie bereits, welche Akupunkturpunkte zu behandeln sind, oder Sie

finden diese Punkte weiter unten.
Halten Sie den iWand© für Ihren Bedarf an die entsprechenden Akupunkturpunkte. Somit startet der Energiefluss - CHI -, entlang dem von Ihnen gewählten Meridianweg, bzw. auf den Akupunkturpunkten, mit den positiven Effekten, wie oben beschrieben.

Und / oder Sie wenden den iWand© auf dem Schmerzpunkt - ASHI - an.

Wir empfehlen beide Bereiche im Wechsel anzuwenden. Die bestimmten Akupunkturpunkte für Ihren Bedarf, laut Buch und den ASHI Punkt abwechselnd.

Je öfter Sie den iWand© benutzen, umso schneller und mehr CHI können Sie erhöhen und die Blockaden beseitigen. Je intensiver und öfter Sie den iWand© anwenden, umso schneller sind Sie am gewünschten Ziel. Wenn CHI ungehindert frei fließen kann, ist dies eine optimale Situation für den Körper, sich selbst zu regenerieren. Dies kann dann auch die Kraft Ihres Immunsystems erhöhen.

In manchen Fällen könnten Sie zu Beginn eine Verschlechterung Ihres Zustandes verspüren, oder es kann auch ein verstärkter Schmerzzustand auftreten, der dann wieder nachlässt. Das ist von Mensch zu Mensch unterschiedlich. Ähnlich wie in der Homöopathie und bedeutet, dass die Blockaden sehr lange bestanden haben und sehr stark waren und jetzt Bewegung in die Sache kommt.

Nehmen wir mal an, Sie haben Ihre Rückenschmerzen erfolgreich behandelt, dann können Sie an einer anderen betroffenen Stelle weitermachen.
So gehen Sie Ihren ganzen Körper durch und mit der Zeit werden Sie bemerken, dass die anzuwendenden Stellen immer weniger werden, bis Sie nur noch die täglichen Kurzbehandlungen machen, um Ihre Gesundheit zu unterstützen. Fangen Sie dort an, wo Sie Schmerzen spüren bzw. Ihnen das Buch Hinweise für die Behandlung von speziellen Symptomen gibt, die für Sie zutreffen.

Im Folgenden finden Sie die Hauptmeridiane, mit welchen so ziemlich alle Beschwerden, mit dem iWand© erfolgreich behandelt werden können.
Index

Die einzelnen Meridiane und ihre Bedeutung

Es ist nicht wichtig die Meridiane genau zu kennen um sie abzufahren, da Sie durch die breite Wirkweise des iWand© eine große Toleranz haben. Es genügt also, die Meridiane ungefähr abzufahren.
Bei stärkeren Symptomen ist es ratsam, die Meridiane öfter abzufahren, bevor Sie zum nächsten wechseln.

Meridiane sind Energiebahnen und mit dem iWand© werden diese freigeräumt und der Fluss in eine optimale Funktion gebracht.

Das Gouverneur Gefäß

Meridian der Kurzbehandlung

Dieser Hauptmeridian beginnt am Damm, für die Anwendung mit dem iWand© genügt es am Steiß zu beginnen, verläuft über die Spitze des Steißbeins, entlang der Wirbelsäule, wo Sie gerne auf schmerzenden Stellen etwas länger verweilen können. Hinauf zum Kopf, über den Schädel bis zur Stirn und zur Nasen -Oberlippenrinne, wo er dann endet.

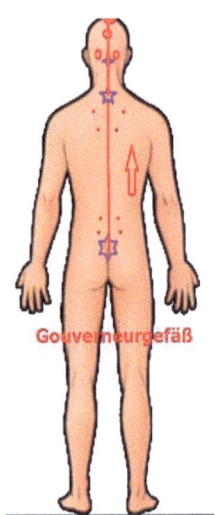

Wichtige Punkte auf diesem Weg:

- Lendenwirbel 4 und 5 (Ischias, Schmerzen in dieser Zone)
- Halswirbel 7 (Auto Immunsystem)
- Kopfanfang in der Nackenkule (Stammhirn - Nervensystem)

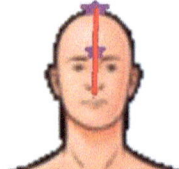

- Scheitel Hirnanhangsdrüse
- Drittes Auge - Zirbeldrüse

Das Gouverneur Gefäß übernimmt die Kontrollfunktion über die sechs Yang-Meridiane, Einwirkung auf die psychische Energie, steuert die Nachtmeridiane und steht in engem Zusammenhang zu den 7 Chakren.

Das vegetative Nervensystem (VNS), steuert viele lebenswichtige Körperfunktionen. Dazu gehören die Atmung, die Verdauung und der Stoffwechsel.

Ob der Blutdruck steigt, sich die Gefäße weiten oder der Speichel fließt, lässt sich mit dem Willen meist nicht beeinflussen.
Übergeordnete Zentren im Gehirn und Hormone kontrollieren das vegetative Nervensystem.
Gemeinsam mit dem Hormonsystem, sorgt es dafür, dass die Organe gut funktionieren. Fahren Sie die Meridiane immer öfter ab, 3 bis 4 Mal, um die besten Resultate zu erzielen.

Zentralgefäß

Meridian der Kurzbehandlung

Dieser Hauptmeridian beginnt für die iWand© - Anwendung am oberen Rand des Schambeins und verläuft nach oben bis unter die Unterlippe.
Dieser Meridian hat die Kontrollfunktion über die sechs Yin-Meridiane und Einfluss auf die Genitalorgane.

Kann hilfreich sein bei:

- Erkrankungen im Mund-, Rachen- und Kehlkopfbereich
- Schmerzen im Becken und Brustkorbbereich Urogenitalerkrankungen
- Menstruationsstörungen
- Kreislaufprobleme
- Schmerzen im Verlauf des Meridians
- Schulterschmerzen, Schulterprobleme
- Lernschwierigkeiten, Gehirnermüdung

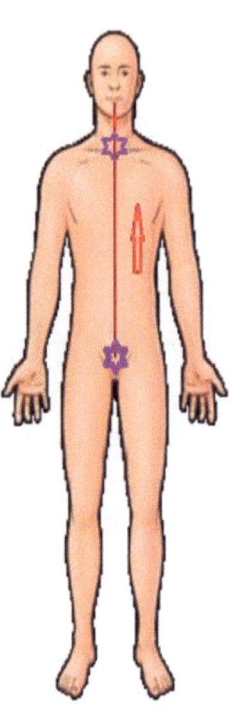

- Angst & emotionaler Stress, in Folge geistiger Überanstrengung

Herz - Meridian

Meridian der Kurzbehandlung

Dieser Meridian verläuft auf der Innenseite des Armes von der Achsel bis zur Außenseite des kleinen Fingers an der Nagelecke.

Hilfreiche Zonen:

- in der Achselhöhle Herzschmerzen, Asthma, Depression
- in der Falte an der Seite des Handgelenks, dicht neben dem kleinen Finger. Wiederbelebung bei Bewusstlosigkeit,
- Schlaflosigkeit, Verstopfung

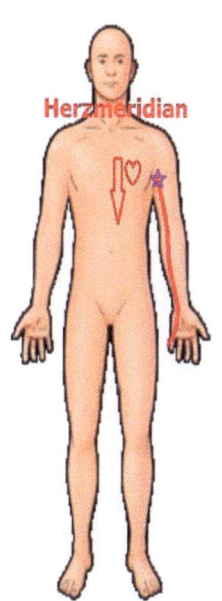

- Innenseite des kleinen Fingers an der Nagelecke Herzschmerzen, Erste-Hilfe-Punkt bei Schlaganfall

Der Herzmeridian steuert neben dem Herzen, die Blutzirkulation im gesamten Körper, des Gehirns und die fünf Sinne.
Der Herz-Meridian kontrolliert auch die Gefühle und passt die äußeren Sinnesreize an die inneren Verhältnisse an.
Störungen im Herz-Meridian wirken sich auf das Körper- und das Seelenleben aus. Nervosität, Unruhe, Verdauungsstörungen, Verkrampfungen im Brust- und Bauchbereich Überempfindlichkeit der Haut, rasche Ermüdung, nervöse Erschöpfung, Herz- und Kreislaufstörungen.
Die eigentlichen Herzstörungen werden über den Kreislauf behandelt.
Psychisch können sich Störungen des Herzmeridians durch innere Unruhe, Schlaflosigkeit, emotionale Unausgeglichenheit, Nervosität und Reizbarkeit und auch Lethargie zeigen.

Körperumrandung

Anwendung der Kurzbehandlung

Umranden Sie den Körper, auch zum Abschluss der Kurzanwendung, um möglichst alle Bereiche zu harmonisieren.
Zentralgefäß, Gouverneur Gefäß, Herzmeridian und die Umrandung des Körpers stellen die Kurzanwendung dar, mit welcher Sie einen erheblichen Beitrag für Ihre Gesundheit täglich leisten können.

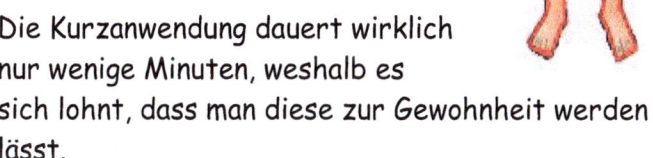

Die Kurzanwendung dauert wirklich nur wenige Minuten, weshalb es sich lohnt, dass man diese zur Gewohnheit werden lässt.

Den iWand© können Sie, wo auch immer, zum Einsatz bringen, bei sich selbst oder anderen Menschen helfen, in die Mitte, in ihre Kraft zu kommen.
Index

Dreifacherwärmer

Dieser Meridian ergänzt die Funktion des Dünndarm-Meridians, beeinflusst die Atmung, die Verdauung und kontrolliert die Ausscheidung. Er kontrolliert den Geist und die inneren Organe. Dieser Meridian ist ein sehr mächtiger in seiner Wirkung und sollte bei schlimmen Symptomen immer mitgemacht werden.

Dreifacher Erwärmer-Meridian

Dieser Meridian sammelt und reguliert die Körperenergie, die aus der Sauerstoffverbrennung, der Umwandlung der Nahrung in Kalorien und dem "sexuellen Feuer" produziert wird. Er unterstützt weiterhin das Lymphsystem und kontrolliert die Körpertemperatur.
Schmerzen und Entzündungen im Nacken-, Schulter- und Armbereich, Laryngitis, Neigung zu Allergien und Hauterkrankungen, Schwindelgefühlen im Kopf, Schlafstörungen, Verdauungsstörungen und Appetitlosigkeit. Darüber hinaus besteht eine

erhöhte Kälteempfindlichkeit, sowie eine Unverträglichkeit gegenüber Wind, Feuchtigkeit und eine gesteigerte Anfälligkeit für Erkrankungen der Urogenitalorgane.

Psychisch äußert sich eine Störung in diesem Meridian in übertriebener Vorsicht, nervöser Übererregung, die häufig Schlafstörungen bedingt, sowie Zwangsvorstellungen.

Dünndarm - Meridian

Der Dünndarm-Meridian steuert über die Verdauung und Verteilung der Nährstoffe aus der Nahrung den gesamten Organismus.
Psychisch kontrolliert er die Aufnahme der Gedanken, also auch ein sehr wichtiger Meridian um die Koordination des Lebens besser zu meistern.

Störungen des Dünndarm-Meridians können u.a. zu Anämie infolge von ungenügender Verwertung von Nahrung führen. Diese kann jedoch auch durch

schlechte Ernährung verursacht sein. Des Weiteren kann es zu rheumatischen und nervösen Erkrankungen, sowie zu Durchblutungsstörungen, besonders im Nacken-, Schulter- und Armbereich kommen. Schmerzen und Steifheit im Handgelenk, Ellbogen, Schulterblattbereich oder Nacken, Ohrenschmerz und gerötete entzündete Augen sind Symptome für eine Störung dieses Meridians.

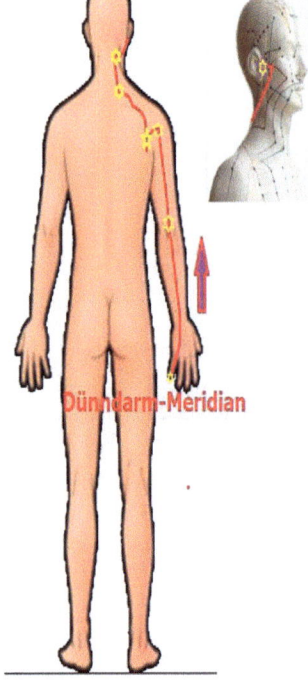

Psychisch zeigt sich eine Störung an der Überempfindlichkeit und Ängstlichkeit, es kann auch zu Depressionen kommen. Unklare Gedanken können ebenfalls auf eine Schwäche des Dünndarms hindeuten.

Hilfreiche Zonen

- Außenseite des kleinen Fingers an der Nagelecke - Ohnmacht, taube Finger.
- Hinter dem Handknöchel - Steifheit und Verspannung im Nacken, Schultern und unterer Rücken.
- Vor dem Ohr in der Vertiefung zwischen Tragus und Kiefergelenk, gut bei geöffnetem Mund zu spüren - Ohrenschmerzen, Tinnitus.

Dickdarm - Meridian

Der Dickdarm nimmt die Nahrungs- und Getränkereste vom Dünndarm auf, absorbiert mehr Flüssigkeit und scheidet die Abfallstoffe aus. Er kann durch falsche Ernährung, Schwäche oder Ärger aus dem Gleichgewicht geraten. Diese Störungen lassen sich meist besser indirekt über einen verwandten Meridian als über den Dickdarm-Meridian selbst behandeln. So sprechen viele Darmstörungen besser auf eine Behandlung des

Lungen-, Nieren-, Milz- oder Magen-Meridians an.

Behandeln Sie den Dickdarm-Meridian bei Schulterschmerzen und Tennisellenbogen, Blockierungen oder Schmerzen in den Sinnesorganen inkl. verstopfter Nase, Sinusitis oder Zahnschmerzen.

Behandeln Sie diesen Meridian bei Verstopfung, die durch erhöhte Temperatur oder Fieber bedingt ist, und zwar vom Ellbogen zur Hand hin.

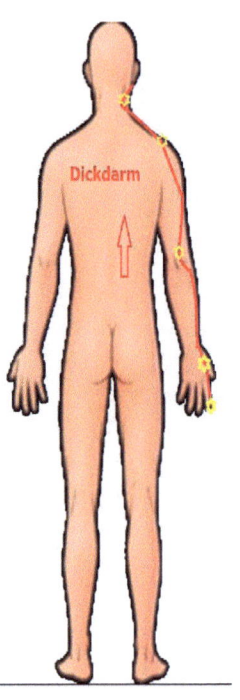

Hilfreiche Zonen

- an der Daumenseite des Zeigefingers, seitwärts der Nagelbasis - Durchfall, Angina
- in der Mitte des zweiten Mittelhandknochens, halbwegs zwischen dem Knochen des Daumens und des Zeigefingers, bei Durchfall, Zahnschmerzen, Ausschlag, allgemeines

Wohlbefinden, Kopfschmerzen im Stirnbereich
- Ende der Falte im gebeugten Ellbogen – Armprobleme
- in den kleinen Kerben an den Seiten der Nase, gerade außerhalb des weitesten Punktes der Nasenflügel, - Nasenverstopfung, Schnupfen

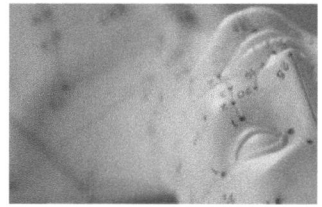

Gallenblasen - Meridian

Der Gallenblasen-Meridian reguliert die Fähigkeit Entscheidungen zu treffen.
Anzeichen für Störungen: trockene Haut, schmutzige Gesichtsfarbe, bitter pappiger Geschmack am Morgen, bitteres oder saures Aufstoßen, halbseitige Schmerzen wie Migräne.

Hilfreiche Zonen

- neben dem äußeren Augenwinkel, auf der Schläfe Augenprobleme, Kopfschmerzen
- Vertiefung oberhalb des Ohrläppchens, gut zu erspüren bei geöffneten Mund - Ohrenklingen
- über dem Haaransatz, an den Seiten der großen Halsmuskeln, unterhalb des Schädelansatzes bei Erkältung, Kopfschmerzen, Schwindel, geschwollene Augen
- auf der Schulter, auf dem höchsten Punkt in einer Linie von der Brustwarze zur Schulter hoch, bei Schulterschmerzen.
- zwischen der 7. und 8. Rippe senkrecht unter der Brustwarze, bei saurem Aufstoßen, Schluckauf, Gallenblasenkrankheiten

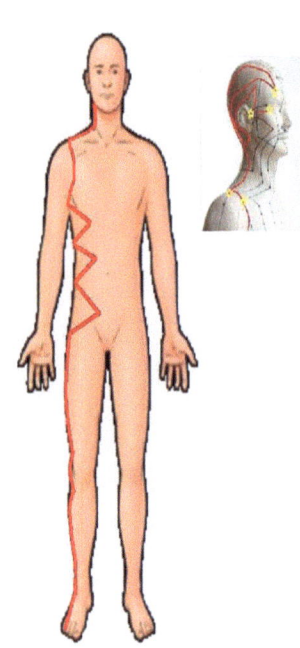

- am unteren Rand des Endes der 12. Rippe, bei Magenschmerzen, Verdauungsprobleme, Erbrechen
- in der großen Vertiefung auf der Hüfte - Ischias, Schmerzen im unteren Rücken
- an der Seite des Oberschenkels, an der Spitze des Mittelfingers, wenn die Arme gerade herabhängen, bei müden Beinen
- zwei Fingerbreit aufwärts von der Brücke zwischen der 4. und 5. Zehe, bei Ohrenklingen

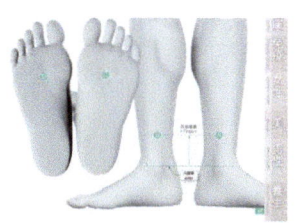

Der Leber - Meridian

Der Leber-Meridian regelt die Urteilskraft und die Fähigkeit zur Planung.
Er trägt zur Gewinnung von Energie für körperliche Leistungen bei und stärkt die Abwehrfunktion.
Weiterhin beeinflusst er die Zusammensetzung des Blutes und kontrolliert die Sehkraft.
Anzeichen für Störungen, können sein: ständig trockener Hals, akuter Schmerz in der Leber, mit der Unfähigkeit sich vorwärts oder rückwärts zu biegen, Neigung zu Fieber ohne erkennbare Ursachen, Impotenz, Prostata-Erkrankungen, Frigidität bei der Frau.

Hilfreiche Zonen

- Außenseite (fibulare Seite) des großen Zehs, ca. 0,25 cm neben unterer Nagelecke von der Brücke zwischen großer und zweiter Zeh 3,75 cm aufwärts, bei Kopfschmerzen, Schwindel
- halbwegs zwischen dem vorderen Rand des Fußknöchels und den faserigen Muskeln, oben auf dem Fuß, bei Schmerzen im unteren Rücken

- bei gebeugtem Knie am medialen Ende der Kniegelenksfalte, bei Knieschmerzen, Unterleibsschmerzen
- am freien Ende der 11. Rippe, bei gebeugtem Ellenbogen und angelegten Arm, berührt die Ellenbogenspitze den Punkt, bei Unterleibsschmerzen, Erbrechen
- Bo-Punkt für Milz zwischen 6. und 7. Rippe senkrecht unter der Brustwarze bei Rippenschmerzen

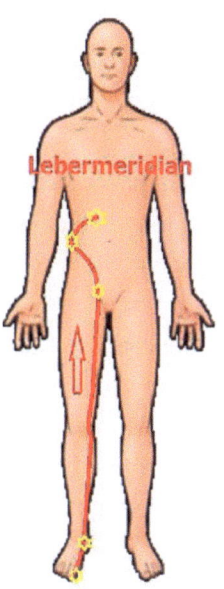

Der Lungen - Meridian

Der Lungenmeridian hat die Aufgabe, die dem Leben zugrundeliegende "Chi- Energie" aus der Luft aufzunehmen. Er beherrscht ihre Verwertung und die Ausatmung und baut Widerstandskräfte gegen Störungen von außen auf, dadurch beeinflusst er die körpereigenen Abwehrkräfte.

- Störungen in diesem Meridian führen zu Atembeschwerden
- Neigung zu Infektionen der oberen Luftwege wie Bronchialasthma, Durchblutungsstörungen und rheumatischen Schmerzen, vor allem in den Schultern und zwischen den Schulterblättern
- Der Lungenmeridian steht auch in Verbindung mit der Haut (auch Regulation der Hautporen) und den Körperhaaren
- Die Stärke des gesamten Organismus hängt von den Lungen ab. Bei guter Lungenfunktion zeigt ein Mensch ein schnelles und tiefes Begriffsvermögen, schlechte Funktion bewirkt Melancholie und Depression. Weiterhin treten oft Überängstlichkeit, Überempfindlichkeit und seelischer Zusammenbruch auf.

Hilfreiche Zonen

Ein Daumenbreit unterhalb des Schlüsselbeins auf der Linie, ein Daumenbreit außen neben der Brustwarze

- Husten
- Asthma
- Erkältung

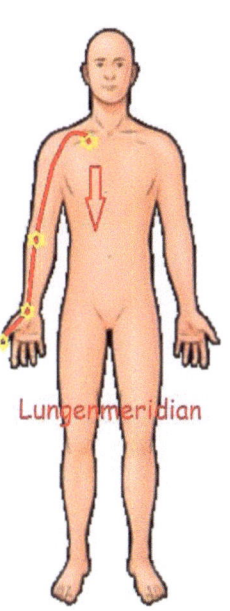

Außenseite der Sehne in der Ellbogenbeuge

- Husten

An der Kerbe der ersten Falte an der Daumenseite des Handgelenks, wo man einen kleinen Puls fühlen kann

- Husten

An der Außenseite des Daumens, 0,25 cm seitwärts an der Nagelbasis
- Husten, Halsentzündung

Magen - Meridian

Die Hauptfunktion dieses Meridians:

Eingenommene Nahrung wird im Magen in verdaubare Form gebracht und entgiftet, so dass sie von den Därmen verarbeitet werden kann.

Das Symptombild ähnelt sehr dem des Dickdarms, allerdings stehen hier psychogene Störungen im Vordergrund, z.B. Appetitlosigkeit, Magen-Darmspasmen, Verstopfung oder Durchfall.
Die Aufgaben des Meridians beschränken sich nicht nur auf die Funktionen des Magen-Darm-Bereiches und der Speiseröhre, sondern er steht auch mit den Fortpflanzungsorganen, der Menstruation, den Eierstöcken und der Milchgebung bei Frauen in Verbindung.

Störungen des Meridians können sich äußern durch chronische Magenbeschwerden, Übelkeit und Erbrechen, Verdauungsstörungen, Nasenverstopfung, Mundwinkelfissuren, Kopfschmerzen.

Hilfreiche Zonen

- direkt unter dem Auge, senkrecht unter der Pupille - Sehstörung, Tränenfluss
- auf der Linie unter der Pupille, auf Höhe des unteren Randes der Nasenflügel - Stirnhöhlenkatarrh, Nasenverstopfung
- auf der Linie unter der Pupille auf Höhe des Mundwinkels - Zahnschmerzen
- auf der Höhe der Spitze des Adamsapfels, wo ein kleiner Puls fühlbar ist - hoher Blutdruck, Heiserkeit, Asthma
- über dem Schlüsselbein, senkrecht zur Brustwarze - Asthma, Schluckauf
- neben dem Nabel - Durchfall
- Bo-Punkt für den Dickdarm, in dem Muskel, der an der Außenseite des Oberschenkels verläuft - Magenschmerzen, Durchfall
- unterhalb der Kniescheibe in der Vertiefung neben dem Schienbein - müde Beine und für

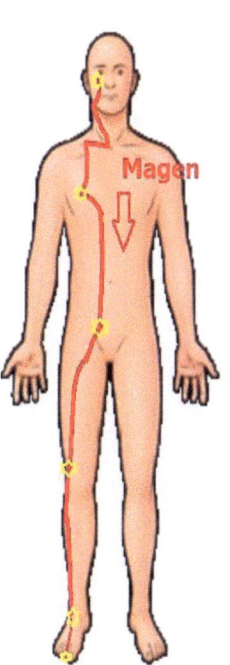

allgemeines Wohlbefinden
- in der Vertiefung zwischen zweiter und dritter Zehe nahe dem zweiten Zehenknochen - Zahnschmerzen, Magenschmerzen

Kreislauf Sexus - Meridian

Meridian der Kurzbehandlung

Diesem Meridian wird eine große Bedeutung und gesundheitliche Wirkung auf den Körper beigemessen und er wird in einer Menge von Fachliteratur genau beschrieben.
Es gibt Ärzte, die nur oder hauptsächlich mit diesem Meridian Arbeiten.

Abkürzung KS. Er bezieht seine Energie auch aus dem Nieren-Meridian.

Verlauf:

Der Kreislauf-Sexus-Meridian, auch Herzbeutelmeridian genannt, beginnt außen, seitlich der Brustwarze, führt auf der Innenseite des Oberarmes über das Handgelenk, bis zur Handinnenfläche und endet an der Fingerspitze des Mittelfingers auf der Seite des Zeigefingers.

Seine Aufgaben sind:

Der Herzbeutel schützt das Herz vor schädlichen Einflüssen. Die Akkupunkturpunkte des Kreislauf Sexus Meridian, wirken unter anderem auf den Kreislauf und auf das Endokrinum (Funktion der Hormondrüsen) und damit den Urogenitalbereich und die Sexualität. Mögliche Symptome einer Störung, dieses Meridians sind:

Herzklopfen, Herzschmerzen, Kreislaufstörungen, Herzfunktionsstörungen, Angina pectoris,

Blutdruckstörung, Rote Augen, Rote Gesichtsfarbe, Neurosen, innere Unruhe, Nervosität, Schlafstörung, Depressive Verstimmungen, Schmerzen im Meridianverlauf, Unterschiedliche Hüft- bzw. Schulterhöhe bei einseitig schwachem Gluteus medius = großer und mittiger Gesäßmuskel.

Einseitige Beckensenkung und vorwärts Drehung, bei einem schwachen großen Gesäßmuskel der gleichen Seite oder aufgrund schwacher Adduktoren. Beckendrehung bei einseitiger Schwächung des großen Gesäßmuskels.

Es kann eine einseitige Kreuzbeinsenkung mit gleichzeitiger Innendrehung des Fußes, der gleichen Seite, und Außendrehung des Fußes der anderen Seite aufgrund eines schwachen Piriformis (Schmerzen im Gesäß, die zum Oberschenkel ausstrahlen) auftreten („Hüftknick links, wenn Piriformis rechts schwach ist).

Hohlkreuz, Ischias Schmerzen, Schmerzen entlang der Beinaußenseite, Taubheitsgefühl und Prickeln in den Beinen, Schmerzen im Bereich der Halswirbelsäule, Schulterverspannungen, Brust- oder Brustkorbschmerzen, hinkender Gang bei schwachem

mittlerem Gesäßmuskel, Beinlängendifferenz, X oder O-Beine, Tennisellbogen oft aufgrund schwacher Adduktoren, Menstruationskrämpfe, Prostataprobleme, Potenzprobleme, brennendes Gefühl beim Wasserlassen und andere Blasenprobleme, Probleme mit Geschlechtsorganen, Sexualität in Verbindung mit Herz- und Nierenproblemen, nicht zu löschender Durst, übermäßig, grundloses Lachen, hormonelle Störungen. Hier können Sie erkennen, welch breites Spektrum diesem Meridian zugeschrieben wird. Sie tun sich Gutes, wenn Sie diesen Meridian, bei Ihren Anwendungen immer miteinbeziehen.

Milz - Meridian

Der Milz-Meridian unterstützt ebenfalls die Verdauung. Da der Milz-Meridian das Organ Bauchspeicheldrüse beinhaltet, reguliert er den Blutzucker, durch die Sekretion von Insulin. Weiterhin steuert er die Gallen- und Speichelabsonderung. Nach der chinesischen Lehre transportiert der Milz-Meridian die Energie der Nahrung in die Lunge, um sich dort mit der Energie des Atems zu verbinden und die grundlegende menschliche Energie zu bilden. Daher verursacht eine Störung dieses Meridians eine allgemeine Schwäche, Vergesslichkeit
und Verdauungsprobleme.
Wirbelsäule und Gelenke stehen ebenfalls mit dem Milz-Meridian in Verbindung. Da das Blut mit dem Milz-Meridian in Zusammenhang steht, ergibt sich hier auch eine Verbindung mit der Menstruation.
Er beeinflusst auch die Fortpflanzungsorgane, speziell diejenigen, welche die Brust und die

Eierstöcke steuern.

Symptome für Störungen des Milz-Meridians sind:

Unruhe in den Beinen, Mangel an Speichel und Magensäure, entzündeter oder deformierter Nagel des Groß Zehs, mangelnde Konzentrationsfähigkeit, Gier nach Süßigkeiten, Menstruationsbeschwerden.

Hilfreiche Zonen

- Innenseite des großen Zehs am Nageleck - Blähungen, Erbrechen
- drei Fingerbreit über dem inneren Fußknöchel am hinteren Rand des Schienbeins - Verdauungsstörungen, Schlaflosigkeit und Menstruationsschmerzen
- oben auf dem Schienbein, an der Innenseite des Beines, am Unterrand des Gelenkkopfes bei gebeugtem Knie - Knieschmerzen
- 2 Fingerbreit über dem inneren oberen Rand der Kniescheibe – Juckreiz und Ekzeme
- Zwischen 6. und 7. Brustwirbel, senkrecht unterhalb der Achsel - Brustschmerzen, Asthma

Nieren – Meridian

Dieser Meridian verläuft aufsteigend und ist auch ein äußerst wichtiger Meridian, denn er regelt sehr viel unserer Energie, weswegen ich auch die Punkte angeführt habe.

Der Nieren Meridian hat in seinem Verlauf 27 Punkte. So wird traditionell die Niere als Energielager des Körpers gesehen, speziell für die ererbte Energie und Anlagen durch unsere Vorfahren. Daher sind die Nieren verantwortlich für unsere Lebendigkeit und Vitalität. Eine weitere Aufgabe des

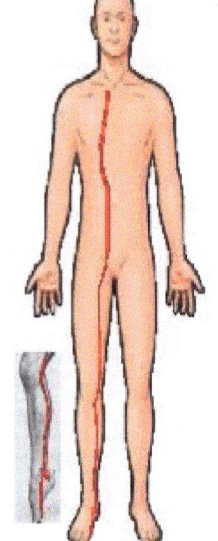

Nierenmeridians ist die Kontrolle der Sekretion von Hormonen. Somit baut er auch einen Widerstand gegen Stress und geistige Anspannung auf.
Der Nierenmeridian beeinflusst auch die Sexualenergie, daher steht ein zu stark oder ein zu schwach ausgeprägtes sexuelles Verlangen mit diesem Meridian in Verbindung.
Symptome für Störungen des Nieren - Meridians sind:

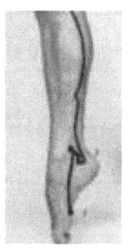

Blasse schwache Gesichtsfarbe, besonders auf der Stirn und im Bereich unter den Augen, allgemeine Körperschwäche, schnelle Erschöpfung, niedriger Blutdruck, Kreuzschmerzen und steifer Rücken, brennend heiße oder kalte Füße.

Im psychischen Bereich: Angst, pessimistische Einstellung, Mangel an Entschlusskraft und dem Willen etwas zu unternehmen.

Hilfreiche Zonen

An der Fußsohle, etwas weniger als ein Drittel von der Spitze der mittleren Zehe zur Ferse, auf der Höhe der zweiten Zehe unter dem Zehenballen der großen Zehe. Wiederbelebung, Schwindel, Menstruationsschmerzen, Unruhe.

Fußinnenseite, auf der Mitte zwischen der Fußknöchelbasis und Achillessehne - Nierenfunktionsstörung

Fußinnenseite, direkt unterhalb
der Spitze des Fußknöchels -
trockener Hals, Schlaflosigkeit,
Depression

am Vorderrand der Achillessehne im oberen Drittel - Fieber
zwischen den beiden Sehnen in der Innenseite des Knies - Kniegelenkschmerzen
zwischen 1. Rippe und Schlüsselbein, ca. 5 cm neben der Mitte - Husten, Asthma, Übelkeit,

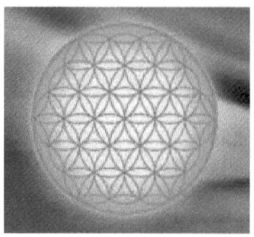

Die Meridiane Erklärung

Nach der chinesischen Akupunkturlehre lassen sich die Organe des Körpers in zwei Gruppen einteilen:

Arbeitsorgane:

Sie dienen der Aufnahme der Nahrung, der Verarbeitung der von außen zugeführten Stoffe und der Ausscheidung von nicht assimilierbaren Substanzen. Da sie dem aktiven Prinzip entsprechen, werden sie dem Yang zugeordnet.

Speicherorgane:

Ihre Aufgabe ist die Umsetzung der resorbierten Nahrungsbestandteile, Speicherung der Nahrungsbestandteile und Verteilung der aufgenommenen Energien. Da ihre Funktionen einem passiven Prinzip entsprechen,
werden sie dem Yin zugeordnet.

Entsprechend der Monade hat jedes Yin-Organ auch Yang-Anteile und umgekehrt. Spielen diese Anteile harmonisch zusammen, arbeitet das jeweilige Organ normal. Kommt es jedoch aus irgendeinem Grund zu einem gestörten Verhältnis dieser Teilkräfte, so führt dies zu einer Fehlfunktion.
Ist das Ungleichgewicht von Yin und Yang sehr stark ausgeprägt oder hält es sehr lange an, erkrankt das betroffene Organ funktionell. Wird die Störung nicht beseitigt, erkrankt es noch mehr und ernsthafte Symptome treten auf.

Erlischt eine der beiden Teilkräfte, so stellt es seine Funktion ein. In diesem Verhalten liegt das Hauptprinzip der Anwendungen mit dem iWand©

begründet:
Krankheit wird als Missverhältnis der polaren Energien Yin und Yang verstanden.

Jedem Organ im Körperinnern werden eine Reihe von Akupunkturpunkten an der Körperoberfläche zugeordnet, die durch eine Linie - genannt Meridian - verbunden sind. In diesen jeweils paarig angelegten energetischen "Gefäßen" bewegt sich die Lebenskraft durch den Organismus.

Durch innere Verläufe sind die Meridiane sowohl mit dem eigenen Organ im Inneren des Körpers, als auch mit dem Organ des gekoppelten Meridians verbunden. Sog. "Lo-Gefäße" bilden energetische Querverbindungen. Die querverlaufenden (transversalen) Lo-Gefäße verbinden gekoppelte Meridiane miteinander, die längsverlaufenden (longitudinalen) Lo-Gefäße strömen längs des Meridianverlaufs und münden ins meridianeigene Organ in der Tiefe.

Die Anwendungszonen lassen sich bildlich als Schleusen verstehen, mit deren Hilfe die Energie im Bedarfsfall, in andere Energiekanäle umgeleitet werden kann.

Die Anwendungszonen liegen meist in kleinen Vertiefungen zwischen Sehnen oder Muskeln, oder in der Mulde eines Knochens. Sie können mit Schächten eines Kanalsystems verglichen werden. Die Energie, die immer in Bewegung ist, wenn der Mensch gesund ist, bewegt sich ständig in die Tiefe und kann über die Anwendungszonen an die Oberfläche, das heißt nach außen gelangen und über sie auch beeinflusst werden.

Dadurch wird verständlich, warum den Meridianen, die den ganzen Körper überziehen, noch weitere Funktionen zugeordnet werden.
Sie beeinflussen nicht nur das ihnen zugehörige Organ, sondern auch sämtliche Organe und Gewebe, die sich in ihrem Verlaufsgebiet befinden. So hat z. B. der Dickdarm-Meridian aufgrund seines Verlaufs Einfluss auf den Zeigefinger, das Handgelenk, den Ellbogen, den Deltoid Muskel, das Schultergelenk und die Nase

iWand© und iWand 2© wie und was

Es ist sehr wichtig immer auf beiden Seiten des Körpers, die Meridiane abzufahren, wie oben schon erwähnt, auch wenn sich das Organ nur auf einer Seite befindet, wie bei Leber- und Milzmeridian. Lassen Sie sich Zeit bei den Anwendungen, bewegen Sie den iWand© langsam, dünne, natürliche Kleidung ist ratsam, da sonst der iWand© in seiner vollen Leistung und Wirkung beeinträchtigt wird. Normale Kleidung stellt keine "Bremse'" dar. Nur Leder und Metallteile.

Direkt auf der Haut, oder mit einem maximalen Abstand von 1 bis 3 Zentimeter, werden die besten Erfolge erzielt.

Auch die Abwechslung, von direkt auf der Haut und einem Abstand von 1 bis 3 Zentimeter, hat noch bessere Wirkungen, weil dadurch ein Mal in die Tiefe und ein Mal mehr in die Breite angewendet werden kann.

Anwendungszonen

Folgend finden Sie einige Anwendungszonen, mit welchen wir in den letzten drei Jahren sehr gute Erfolge erzielten.
Bitte lassen Sie sich inspirieren und die Gesundung und Stärkung auf Sie einwirken. Lernen Sie von Ihrem Körper, wie er die Anwendungen am liebsten hat.

Alle Anregungen hier in diesem Buch sind nur Empfehlungen oder Möglichkeiten, die Anwendungen erfolgreich durchzuführen, stellen keine Garantie für diese dar.

Ich kann Ihnen aus meiner Erfahrung sagen, dass wir bisher immer einen Erfolg verbuchen konnten, egal wie schlimm der Um- oder Zustand des Betroffenen war.

Alles hat seinen Sinn. Die iWand© s sind wahrliche Zauberstäbe, heben dennoch die persönliche Erfahrung - "weswegen wir Beschwerden, oder Krankheiten haben", nicht auf.
Die Kombination der Anwendungen und das

Verstehen, des „WARUM ich etwas habe", wird den Erfolg sehr beschleunigen.

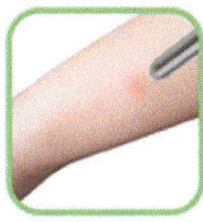 

Besseres Aufnehmen von Salben, Cremen, Hautpflegeprodukten
z.B. dermatologische Salben usw.

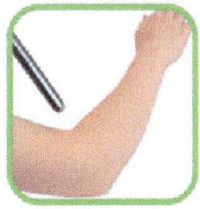 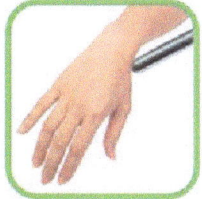

Schmerzreduzierung, Meridianharmonisierung und Blockadenbefreiung

Angstzustände

Ohne erkennbare äußere Ursachen werden oft körperliche Symptome, wie z. B. allgemeine innere Unruhe, Druckempfindung im Brustbereich, durch Angstzustände erlebt. Hier liegen in vielen Fällen gar keine organischen Störungen vor.
Die angegebenen Punkte harmonisieren das vegetative Nervensystem und schaffen so eine beruhigende Wirkung, auch in den meist betroffenen Organbereichen.

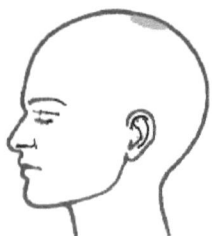
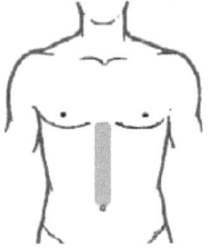

Zone Nabel bis Brustbein
(Taubenschwanz bis Göttliche Pforte)
Die Zone erstreckt sich vom Brustbeinende bis zum Nabel. Der Bereich kann in beide Richtungen abgefahren werden.

Atembeschwerden

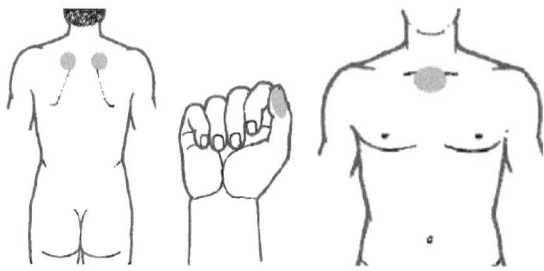

Blasenprobleme

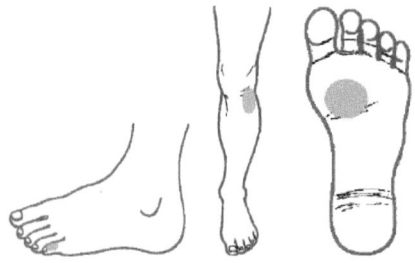

Durchblutungsstörungen

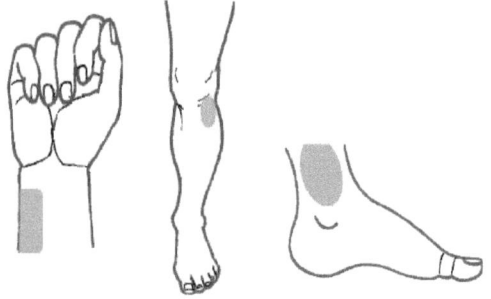

Krämpfe

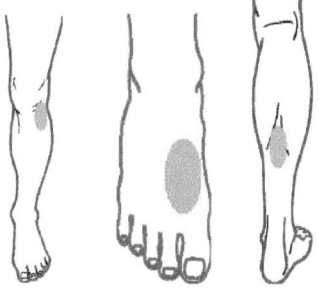

Machen Sie auch immer wieder Anwendungen an den Ohren.

Es bedarf nur wenige Minuten, all Ihre Meridiane, in den zurzeit bestmöglichen Zustand zu versetzen und Ihren Energiehaushalt zu harmonisieren.
Ich freue mich auch über Ihre Erfahrungen, um daran zu lernen und andere Menschen damit zu bereichern, wofür ich mich jetzt gleich hier bedanken möchte.

Die Kombination der Anwendungen mit dem iWand©, gesunder Ernährung und dem Verzehr von hochwertigen Mineralien, hat sich als sehr wirkungsvoll für unsere Gesundheit erwiesen.

Anwendung für die Augen

Beginnen Sie auf einer Seite, am Augenpunkt der am Außenrand der Schläfe am Ende der Augenbraue liegt. Dort befindet sich auch eine kleine Vertiefung. Das ist der Augenpunkt.
Machen Sie 5 bis 10 Minuten einen Achter um die Augen und achten Sie dabei darauf, dass der Achter immer in der Mitte zwischen den Augenbrauen nach außen abgefahren wird und von außen, unter dem Auge nach innen.

Schon nach einer Anwendung werden Sie eine Verbesserung bemerken können.
Sie können auch die Augen direkt behandeln, egal ob die Augen geöffnet

oder geschlossen sind. Halten Sie einen Abstand von 1 bis 3 Zentimeter ein.

Die Kurzanwendung zusammengefasst

Das Gouverneur Gefäß

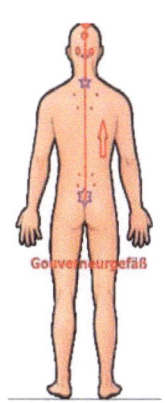

Das Gouverneur Gefäß übernimmt die Kontrollfunktion über die sechs Yang-Meridiane, Einwirkung auf die psychische Energie, steuert die Nachtmeridiane und steht in engem Zusammenhang zu den 7 Chakren.

Körperumrandung

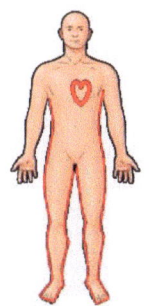

Umranden Sie den Körper, später auch zum Abschluss der Kurzanwendung, um möglichst alle Bereiche zu harmonisieren.

Zentralgefäß

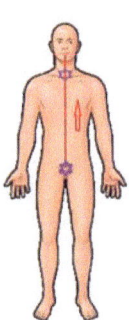

Kontrollfunktion über die sechs Yin-Meridiane, Einfluss auf die Genitalorgane.

Herzmeridian

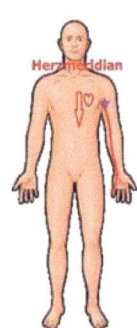

Der Herzmeridian steuert neben dem Herzen, die Blutzirkulation im gesamten Körper, des Gehirns und der fünf Sinne. Der Herz-Meridian kontrolliert auch die Gefühle und passt die äußeren Sinnesreize an die inneren Verhältnisse an.

Kreislauf Sexus Meridian

Diesem Meridian wird eine große Bedeutung und gesundheitliche Wirkung auf den Körper beigemessen und er wird in einer Menge von Fachliteratur genau beschrieben.

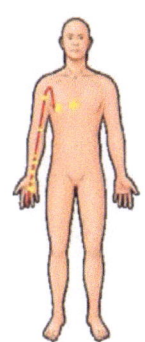

iWand© die Hilfe bei Schmerzen, Unwohlsein, u.v.m.

Zur Linderung, oder Beseitigung von Schmerzen, zur Vorsorge und generellen Stärkung des Organismus, sowie zur Behebung von diversen Gesundheitsproblemen, wie Durchblutungsstörungen, Taubheitsgefühle in Händen und Füßen, Verspannungen, Müdigkeit, Unfallschmerzen und vielem anderen mehr ist möglich. Der iWand© entwickelt sich zum täglichen Begleiter, wenn man ihn kennt.

Der iWand© wurde von einem Hong Kong Chinesen entwickelt und basiert hauptsächlich auf der traditionellen chinesischen Medizin.

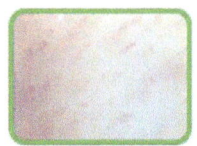 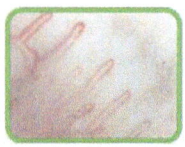

vor der Anwendung und dann nach der Anwendung

Durch die Anwendung wird die erhöhte Microzirkulation deutlich sichtbar.

Fortsetzend finden Sie eine kleine Erklärung der Organuhr, damit Sie Ihre Symptome leichter deuten können und die möglichen angebrachten Zeiten, für bestimmte Anwendungen variieren können. Denken Sie immer daran, „in der Leichtigkeit liegt der Erfolg". Machen Sie keine Religion daraus, lesen Sie sich die Informationen durch und es wird Ihnen automatisch das auffallen, was im Moment für Sie wichtig ist. Spielerisch, kreativ, einfach und bequem. Sie können sich nur Gutes tun.
Sie können auch nicht zu lange anwenden, oder zu oft, es wird immer das im Moment bestmögliche erreicht und gehalten.
Wenn Sie die Meridiane ein paar Mal gemacht haben,

werden Sie sich diese schnell merken und dann auch wissen was zu tun ist.

Diese Hauptmeridiane, stellen eine optimale Behandlungsmöglichkeit für den iWand© dar. Das Zentral- Gefäß und das Gouverneur- Gefäß darf gerne 5 bis 10 Mal abgefahren werden. Sie werden selbst die Wirkung spüren.

Organuhr Erklärung

Es gibt viele Beispiele, die eine Funktionalität der Organuhr belegen. Man kann feststellen, dass sich vor allem nachts die Asthmaanfälle häufen und Migräneanfälle meist gegen 11 Uhr stattfinden. In den Zeiten von 0-6 Uhr und 12-18 Uhr finden die meisten Schlaganfälle statt. Das Schmerzempfinden ist nachts am stärksten und gegen 15 Uhr am geringsten. Rheumamittel wirken abends am besten und verringern so am Morgen die Beschwerden.

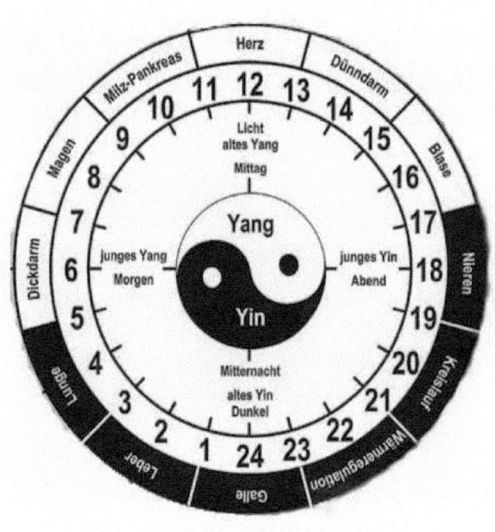

Organuhr

Organuhr Leber

Maximalzeit: 1 bis 3 Uhr
Minimalzeit: 13 bis 15 Uhr

Die Leber entgiftet während der Maximalzeit auf Hochtouren. Menschen mit Leberproblemen (z.B. durch Alkohol, spätes Essen, Medikamente, Drogen) oder Migräne, wachen während der Maximalzeit (1 bis 3 Uhr) häufig auf. Kälte wird oft stärker wahrgenommen und die Haut reagiert schmerzunempfindlicher. Während der Minimalzeit, ist die beste Zeit um seine Leber zu entgiften.

Organuhr Lunge

Maximalzeit: 3 bis 5 Uhr
Minimalzeit: 15 bis 17 Uhr

Maximalzeit: Der Körper schüttet verstärkt Melatonin aus und erleichtert so das Durchschlafen. Menschen mit Herzinsuffizienz wachen während der Maximalzeit aufgrund von Atemnot verstärkt auf. Asthmaanfälle sind während dieser Zeit am häufigsten. Der Blutdruck steigt an.

Organuhr Dickdarm

Maximalzeit: 5 bis 7 Uhr
Minimalzeit: 17 bis 19 Uhr

Während der Maximalzeit wird Kortisol ausgeschüttet und der Körper geweckt. Bei Männern entsteht zusätzlich ein hoher Testosteronschub. Der Dickdarm wird aktiv und der Stuhlgang angeregt.

Organuhr Magen

Maximalzeit: 7 bis 9 Uhr
Minimalzeit: 19 bis 21 Uhr

Maximalzeit: Die Verdauung läuft auf Hochtouren und eine vermehrte Hormonproduktion beginnt. Während dieser Zeit sind wir relativ schmerzunempfindlich. Während der Minimalzeit ist der Magen in einer Tiefphase. Nach 19 Uhr sollte man keine schwer verdaulichen Speisen mehr zu sich nehmen.

Organuhr Milz

Maximalzeit: 9 bis 11 Uhr
Minimalzeit: 21 bis 23 Uhr

Maximalzeit: Die geistige Aufnahmefähigkeit ist während dieser Zeit am höchsten und daher für Prüfungen besonders geeignet. Da der Körper sehr widerstandsfähig ist und Milz und Pankreas aktiv sind, ist dies auch der beste Zeitpunkt für Operationen (beschleunigte Wundheilung).

Organuhr Herz

Maximalzeit: 11 bis 13 Uhr
Minimalzeit 23 bis 1 Uhr

Von 11 bis 13 Uhr ist das Herz am meisten gefährdet, da es auf Hochtouren läuft. Belastungen wie Stress und körperliche Anstrengungen sollte man während dieser Zeit meiden. Die Konzentrationsfähigkeit sinkt.

Organuhr Dünndarm

Maximalzeit: 13 bis 15 Uhr
Minimalzeit: 1 bis 3 Uhr

Gegen 13 Uhr haben wir ein Mittagstief, Sport sollte nicht unbedingt betrieben werden, da die Verdauung beeinträchtigt werden kann. Gegen 14 Uhr ist der Blutdruck und Hormonspiegel niedrig und die Schmerzempfindung reduziert.

Organuhr Harnblase

Maximalzeit: 15 bis 17 Uhr
Minimalzeit: 3 bis 5 Uhr

Ab 15 Uhr ist das Mittagstief überstanden und man fühlt sich voller Energie. Das Langzeitgedächtnis ist in Hochform, der Kreislauf und Blutdruck steigen ein zweites Mal auf den Höchststand an. Die Urinausscheidung ist besonders angeregt.

Organuhr Niere

Maximalzeit: 17 bis 19 Uhr
Minimalzeit 5 bis 7 Uhr

Ab 17 Uhr steigert sich die Vitalität und der Stoffwechsel. Die Niere arbeitet verstärkt und der Magen produziert verstärkt Säure. Kräutertees entfalten während dieser Zeit verstärkt ihre Wirkung.

Organuhr Kreislauf

Maximalzeit: 19 bis 21 Uhr
Minimalzeit: 7 bis 9 Uhr

Ab 19 Uhr werden Blutdruck und Puls abgesenkt. Der Körper leitet die Erholungsphase der Nachtruhe ein. Gesundungs- und Allergiemittel werden vom Körper optimal aufgenommen.

Organuhr Wärmeregulation

Maximalzeit: 21 bis 23 Uhr
Minimalzeit 9 bis 11 Uhr

Die Maximalzeit ist am besten für Meditation und Entspannungsübungen geeignet. Das Immunsystem ist sehr aktiv und die Hormondrüsen erholen sich.

Organuhr Gallenblase

Maximalzeit: 23 bis 1 Uhr
Minimalzeit: 11 bis 13 Uhr

Während der Maximalzeit treten verstärkt Gallenkoliken auf. Der Körper fährt auf „Sparflamme". Der Stoffwechsel ist träge, der Blutdruck, Herzfrequenz und Temperatur senken sich ab. Die Haut regeneriert sich während dieser Zeit besonders gut.

Fallbeispiele

Ein Mädchen 7 Jahre hatte eine schlimme Zahnfistel, die nicht verschwinden wollte. Ein kleines Gespräch mit Ihr, zeigte mir, dass Sie sich zu sehr zurücknimmt, sich nicht so zeigen kann wie sie es will. Das hat meist nichts oder nur wenig mit dem Verhalten zu tun, sondern mehr mit der Art und Weise, wie die Person, ihre vermeintliche Realität wahrnimmt.
Ich habe sie darin bekräftigt, dass sie ein wunderbarer, einzigartiger Mensch ist und das jedem zeigen darf. Sie wurde täglich mit dem iWand 2$^©$ behandelt und schon bald war das Zahnfleisch wieder gesund und schön.

Kopfschmerzen

Eine Frau, die sehr stark unter immer wieder auftretenden Kopfschmerzen litt, konnte durch die Anwendungen mit dem iWand$^©$ eine komplette Befreiung dieser erleben. Sie machte immer wieder die Augenanwendung, da der Schmerz vorne auftrat, Anwendungen am Zentralgefäß- Meridian, so wie

vermehrt Magen- und Nierenmeridian.
Zusätzlich strukturierte sie sich ihr Wasser, mit dem iWand© bevor sie es trank.

Eine sehr schöne passende Anwendung, die aus der Frau selbst entstand. Lassen Sie sich auch von Ihrer Hand führen, das sind oft wunderbare Erfahrungen. Den Verstand so gut es geht ausschalten oder besser mit etwas Anderem beschäftigen und sich einfach in die Führung fallen lassen. Dies ist eine schöne Übung, sich mehr und mehr mit Ihrem Körper zu verbinden.

In der Praxis bekommt jeder Besucher eine Kurz oder Schnellbehandlung mit dem iWand© und ich habe schon sehr oft erlebt, dass Klienten, die zu einer Massage kamen, weil sie Schmerzen hatten, schon schmerzfrei waren, bevor sie sich auf die Liege legten.
Die Kombination mit dem iWand© und anderen Therapiemaßnahmen, hat sich als sehr wirkungsvoll erwiesen. Die Menschen sind entspannter, mit einer gleichzeitig besseren Mikrozirkulation, woraufhin andere Therapien bessere Wirkungen zeigen können. Auch einfache Massagen, bis hin zu chiropraktischen Eingriffen, können äußerst positiv begleitet werden.

Ich mache die Schnellbehandlung an meinen Klienten meist im Stehen, wenn diese das problemlos können.

Die Blutdruck Regulation

Blutdruckprobleme wie Hypertonie (hoher Bluthochdruck) und Hypotonie (niedriger Blutdruck) sind keine Krankheiten, sondern Symptome von verschlackter Leber, Nieren und Blutgefäßen.

Die Blutdruck Regulation unterstützen Sie mit vermehrten Anwendungen am Gouverneur- Gefäß- Meridian, so wie am Leber- Magen- Nieren- Kreislauf Sexus Meridian und der Kurzbehandlung. Eine Leber- und Organreinigung ist sehr unterstützend.

Bei einem sehr hartnäckigen Fall, welcher schon viele Jahre wegen Bluthochdruck in ärztlicher Behandlung war, habe ich zusätzlich eine Raindrop- Behandlung an der Wirbelsäule durchgeführt.

Bei der Wirbelsäulen-Behandlung kann durch Beseitigung der Wirbel-Blockaden (mit den Ölen und dem iWand©) der gesamte Körper "befreit" werden.

Die Spannung in der Muskulatur lässt nach und somit werden die Blutgefäße im ganzen Körper weniger komprimiert. Der Durchmesser der Blutgefäße wird dadurch erweitert und der Druck sinkt.

Außerdem habe ich massive Verspannungen in der Brustmuskulatur wegmassiert, speziell um zu sehen, wie sich das auf den Blutdruck auswirkt. Ein sensationelles Ergebnis!

Achtung vor Glutamat

Im Unterschied zu den bekannteren Rauschgiften macht Glutamat nicht vorwiegend "high", sondern es erzeugt künstlich Appetit, indem es u.a. die Funktion unseres Stammhirns stört. Das Stammhirn (limbisches System) regelt neben den elementaren Körperfunktionen auch unsere Gefühlswahrnehmung und daher auch den Hunger. Durch die Störungen verursacht das Glutamat Schweißausbrüche und Stress Wirkungen, wie Magenschmerzen, Bluthochdruck und Herzklopfen. Es führt bei sensiblen Menschen häufig zu Migräne. Die Sinneswahrnehmung wird deutlich eingeschränkt und

die Lernfähigkeit und das allgemeine Konzentrationsvermögen nehmen nach Einnahme von Glutamat bis zu mehreren Stunden lang nachhaltig ab.
Bei Allergikern kann Glutamat epileptische Anfälle bewirken oder sogar zum Soforttod durch Atemlähmung führen.

Diabetes

Zur möglichen Regulation von Diabetes behandeln wir alle Hauptmeridiane und vermehrt den Milz-, Magen, und Nierenmeridian. Hier ist eine Betrachtung der Ernährungsweise, der Bewegung und des emotionellen Zustandes sehr wichtig.

Diabetes mellitus Typ 2 hat meist Übergewicht, akuten Bewegungsmangel und eine erhöhte kohlenhydratreiche Ernährung. Drehen wir das um, erhalten wir die Antwort zur Verbesserung, bis zur möglichen Heilung. Also zurück zum Normalgewicht, Bewegung an der frischen Luft und in der Sonne. Eine gesunde ausgewogene Ernährung. So kann alles

wieder gut werden, wenn konsequent gehandelt wird.

Der Diabetes Typ-1- hingegen ist durch unverarbeitete Erfahrungen blockiert und manifestiert sich sein Typ 1 Problem, mit seinem SO SEIN. Hier scheint es oft einen Knackpunkt zu geben, da er relativ immun gegen Einflüsse von außen zu sein scheint.
Aufklärung und eine Hilfestellung zum Erkennen der Situation, die Einbeziehung der Familie oder Partner, so wie die Anwendungen mit dem iWand© helfen oft sehr viel.
Auch hier ist wie bei Typ 2 vorzugehen.
Unterstützend wirken Bohnen und Hülsenfrüchte. Bohnen haben einen sehr niedrigen glykämischen Wert (GI). Der GI sagt aus, wie schnell Ihr Blutzuckerspiegel steigt, nachdem Sie ein bestimmtes Lebensmittel gegessen haben. Nahrungsmittel mit einem hohen GI- Wert bewirken, dass der Blutzuckerspiegel schnell ansteigt, während bei Speisen mit geringem GI wie beispielsweise bei Bohnen, der Anstieg langsamer und gleichmäßiger erfolgt.

Mandeln können unseren Stoffwechsel aufgrund ihrer höchst vorteilhaften Nähr- und

Vitalstoffzusammensetzung derart unterstützen, dass eine "Mandel-Diät" die Insulinsensitivität verbessern kann. Eine "Mandel-Diät" ist zum Beispiel, wenn Sie 20 Prozent des täglichen Kalorienbedarfes in Form von Mandeln essen, was ungefähr 60 bis 80 Gramm Mandeln pro Tag sind. Bitte achten Sie darauf, dass die Mandeln aus einem biologischen Anbau kommen. Informieren Sie sich auch über Kichererbsen.
Alles hängt zusammen und unser Konsum entscheidet über unsere Realität, weil Konsum auf allen Ebenen passiert.

Wir ernähren uns körperlich, geistig, mental und emotional. Das was wir konsumieren, verändert unsere Biochemie, somit unseren körperlichen Zustand, welcher dann wieder die dazu passenden Gefühle und Gedanken begünstigt.
Der schlimmste Fall sind Junkfood, wenig Bewegung, Horrorfilme, ständige Bestrahlung durch WiFi und Smartphone, Mikrowelle und viel Fernsehen.
Das ist die Manipulation in eine sehr seltsame Richtung.
Der iWand© ist ein super Gerät, doch sollte möglichst alles aufeinander abgestimmt sein.

Im besten Fall:

Ausgewogene Ernährung mit vielen Lebensmitteln, gesundes sauberes Wasser in ausreichender Menge, viel in der Natur und der Sonne, möglichst frei von technokratischen negativen Strahlungen. Positive lebensbejahende Lektüre, wie die Bücher „Anastasia Tochter der Taiga" von Wladimir Megre. Diese Bücher möchte ich Ihnen vom ganzem Herzen empfehlen, da sie mein Sein sehr positiv beeinflusst und genährt haben. Wertschätzung, Glück, Liebe, Gelassenheit, Freude, Hingabe und vieles mehr haben wir immer zur Verfügung. Das können wir nicht kaufen oder erzeugen lassen, wir können es leben, wenn wir dies wollen. So ein Leben wird eben solche Erfahrungen wiederspiegeln und Krankheiten werden keinen Platz mehr in Ihrem Leben haben.

Denke Dich- Fühle Dich- Sei gesund!
Dies kann beispielsweise die Tugend der Geduld sein. Aufmerksam zuhören können, mit einem anderen Menschen etwas unternehmen, Aufmerksamkeit in jedem Augenblick zum Ausdruck bringen, den Haushalt machen, Witze erzählen, mit Menschen sanftmütig sein, Erkenntnisse über das Leben

weitergeben, andere Menschen körperlich Berühren und Umarmen, einen Menschen in seinen Ideen und Impulsen unterstützen, Mitgefühl zum Ausdruck bringen, einen Menschen anlächeln, den anderen einfach lieben, ehrlich sein, authentisch sein, sein Hab und Gut mit einem anderen Menschen teilen, eine Blume verschenken, einem Menschen dankbar sein und dies zum Ausdruck bringen, Alles was ist lieben, ohne Erwartungen usw.
Index

Für unsere Augen

Empfehle ich die Augenanwendung und öfter eine Leberreinigung durchzuführen.
Die Augengesundheit hat auch immer etwas mit der Leber zu tun und ist meist auf eine Verschlackung und Verschmutzung dieser zurückzuführen.
Schon bei der Augenanwendung mit dem iWand© werden Sie erhebliche Verbesserungen erleben.
Wenn Sie diese Anwendungen auch noch mit Leberreinigungen, ein Mal pro Monat begleiten, werden Sie bald eine viel klarere und bessere Sicht haben.
Zusätzlich ist es auch sehr hilfreich, wenn Sie Ihrem

Körper die nötigen Stoffe zuführen, damit dieser Ihre Augen regenerieren kann.
Vitamin E unterstützt die Abwehrkräfte, es sorgt für die Funktionstüchtigkeit von Muskeln, Nerven und Augen.
Durch die Anwendungen mit dem iWand© und den Leberreinigungen, schaffen Sie eine perfekte Ausgangsbasis für die Regeneration.

Kolloidales Silberwasser, welchem ich einen sehr hohen Stellenwert einräume, beseitigt alle unerwünschten Bakterien, Viren und Pilze, reinigt von einigen Schwermetallen und trägt entscheidend zur Stammzellbildung bei. Ich verwende es schon seit mehr als 25 Jahre.
Auch als Augentropfen ist Silberwasser sehr gut geeignet und die Erfolge sprechen für sich. Es kann bei Bindehautentzündung und anderen Entzündungen des Auges eingeträufelt werden, bzw. mit einem Spray eingesprüht werden.
Es wird über sehr gute Erfolge bei tränenden Augen (z.B. wegen Pollenallergie) berichtet.
Weiter unten finden Sie mehr Info über kolloidales Silberwasser.
Wir arbeiten auch immer wieder mit den „Heilungsmethoden mit Hilfe des Bewusstseins nach

der Lehre von „Grigori Grabovoi" zum Beispiel
„Verletzungen des Augapfels - 518432118".
Index

Ohren

Wieder 3 Mal die Kurzbehandlung durchführen und
sehr viel mit dem Dreifacherwärmer und dem
Kreislauf Sexus arbeiten.
Ohrenprobleme weisen oft auf eine Blockade, „etwas
nicht hören wollen" hin.
Ansehen, spüren, annehmen, loslassen. Die Situation
mit liebenden Augen sehen und liebenden Ohren
hören, die Bewertungen weglassen.
In und an den Ohren finden Sie sehr viele
Anwendungsbereiche für den ganzen Körper.

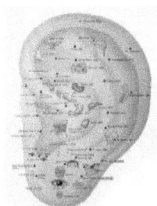 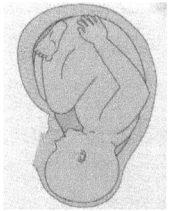

Mit dem iWand© bestrahlt man im Ohr sehr leicht
alle Bereiche. Einfach die ganze Ohrmuschel machen.

Lunge

Machen Sie die Kurzanwendungen bei jeder Anwendungsreihe 3 bis 4 Mal und den Lungen, Nieren, und Magenmeridian, noch 3 Mal mehr.
Sie können auch den Dünndarm und Dickdarm, so wie den Dreifacherwärmer mit dazu nehmen, was sehr unterstützend wirken kann.
Dazu empfiehlt es sich eine Kur mit kolloidalem Silberwasser zu machen und MSM für einige Monate einzunehmen.

MSM sorgt für eine effizientere Sauerstoffaufnahme durch den Körper. Es verbessert die Elastizität der Lungenzellen und die Durchlässigkeit der Lungenzellmembranen, wodurch mehr Luft eingeatmet und dem Blut mehr Sauerstoff zugeführt werden kann. Außerdem verhindert bzw. behebt MSM das aneinander Kleben der Erythrozyten (Geldrollenbildung), so dass das Blut mehr Sauerstoff aufnehmen kann. Die schon beschriebene Steigerung der Durchlässigkeit der Zellmembranen durch MSM bewirkt, dass die Zellen diesen Sauerstoff auch aufnehmen und dadurch mehr Energie produzieren können. Bei Menschen mit

einem Lungenemphysem ist MSM nachweislich wirksam.

MSM kann in nahezu unbegrenzter Menge eingenommen werden, ohne dass Vergiftungserscheinungen auftreten.

Untersuchungen zeigen, das große Mengen MSM entweder im Körper als Schwefelreserve gespeichert werden und so für eine ausreichende Konzentration sorgen, um die Herstellung der großen Menge benötigter schwefelhaltiger Biomoleküle zu optimieren, oder sie werden einfach über die Nieren, Haut oder Lungen ausgeschieden. Die Halbwertszeit von MSM im Körper beträgt ca. 48 Stunden.

Ein Experiment mit Marathonläufern nach einem schweren Marathon, verkürzte die Erholungsphase nach sechsmonatiger Einnahme von MSM auf ein Viertel der sonst üblichen Erholungszeit (2-3 Tage anstatt der sonst üblichen 8-10 Tage).

Multiple Sklerose MS

Multiple Sklerose ist eine progredient (unter Progredienz, Progression oder Progress versteht man das Fortschreiten einer Krankheit bzw. eine weitere Verschlechterung des Gesundheitszustands). Schlechter werdende Erkrankung des Nervensystems (Gehirn und Rückenmark) mit Entzündungen im zentralen Nervensystem. Unter Umständen werden auch die Myelinscheiden, die die Nerven schützen angegriffen, was zu einer verlangsamten oder blockierten Informationsweiterleitung führt.
MS ist eine Autoimmunkrankheit, bei der das körpereigene Immunsystem die Nerven angreift. Einige Forscher glauben, dass MS durch einen Virus ausgelöst wird, während hingegen andere behaupten, dass es eine starke genetische oder umweltbezogene Komponente gibt.

Laut meiner Erfahrung mit dem iWand©, wird schon nach wenigen Minuten Anwendung eine Schmerzerleichterung erfahren.

Sehr gute Erfolge hatten wir mit folgenden Anwendungen:

Kurzbehandlung 5 – 7 Mal, 7 Mal den Kreislauf Sexus auf beiden Seiten.
Bitte immer auf beiden Seiten gleich anwenden.
An den betroffenen Zonen Anwenden, bis die gewünschte Besserung eintritt.
Viel strukturiertes, energetisiertes Wasser mit Zimmertemperatur trinken.
8 Monate kolloidales Silberwasser von Gerhard P. Kirchmayr einnehmen, welches ich in meinem Shop anbiete.
MSM und jede Menge gute Mineralien, wie Zeolith, Magnesium, Calcium, Kalium, Zink, Selen, Kupfer.
Vitamin D3 und K2 hochdosiert ab 20 000 IE kann da sehr gut wirken. Bitte immer mit Leuten besprechen die sich auskennen. Es ist gut, wenn Sie sich langsam auf höhere Dosierungen einstellen.
Diese sollten ausgetestet werden, um einen möglichen Mangel zu erkunden.
MS- Patienten hatten alle einen akuten Mineralmangel aufgewiesen.

Anwendungen nach Operationen

Eigentlich wollen wir den Weg gehen, Operationen zu vermeiden, da es manches Mal nicht ohne geht, haben wir auch hier einige Tests durchgeführt. Unsere erste Probandin war eine 30-Jährige junge Frau, die sich zum zweiten Mal ihre Nase wegen eines Unfalls operieren ließ. Beim ersten Eingriff hatte sie noch keinen iWand© und die Folgen der OP verliefen normal. Drei Wochen lang ein blaues Gesicht und unangenehmes Empfinden.

Nach dem zweiten Eingriff, hatte sie schon ihren iWand©, welchen sie auch täglich anwendete. Schon nach 10 Tagen war keine Verfärbung der Haut zu sehen und der behandelnde Arzt war sehr erstaunt.

Es ist also sehr stark zu bemerken, wie unterstützend die Anwendungen auf die Regeneration wirken.

iWand© -iWand 2© und Heilwasser

Mit dem iWand© und mit dem iWand 2©, können Sie ein sehr hochschwingendes Heilwasser herstellen oder erworbene verbessern.
Schwedenbitter von Maria Treben, Propolisbalsam, kolloidales Silberwasser, um nur ein paar zu nennen, praktisch alles, was Sie mit einer hochschwingenden Eigenschaft für Ihre Gesundheit verbessern wollen. Hierzu wurden schon von vielen sehr hohe Werte nach Bovis gemessen.
Der iWand© kann auch schädliche Informationen überlagern, die sich vielleicht noch in den Zutaten die herzustellenden Mittel befinden. Dadurch wird die Wirksamkeit der spezifischen Produkte, die Sie herstellen oder hergestellt haben, um ein Vielfaches gesteigert und die Aufnahme dieser Produkte, vom Körper leichter vollzogen.
Hier auf dem Bild rechts strukturiere ich kolloidales Silberwasser für meine Familie, Tiere und Pflanzen.

Ich habe bemerken dürfen, dass so eine Strukturierung, Energiewerte hervorbringt, die ich noch nie so hoch gemessen habe. Die Erfolge sprechen auch für sich.

Die Großmutter meines Freundes hatte eine schlimme Augenentzündung, welche sie ohne Erfolg mit herkömmlichen Mitteln behandelt hat. Mein Freund fragte mich dann nach Hilfe, so gab ich ihm 300 ml von unserem strukturierten Silberwasser und siehe da, nach nur drei Tagen war die Augenentzündung restlos verschwunden.
Natürlich ist das kolloidale Silberwasser sehr gut, doch die Aufbesserung durch den iWand© ist unvergleichlich.
Ich habe den Flaschenhals auf dem Foto frei gelassen um es besser zu veranschaulichen, doch ist es besser, diesen auch mit Alufolie zu überdecken (glänzende Seite nach innen) um eine bessere Spiegelung zu gewährleisten.
Wenn Sie so Ihre Kosmetika strukturieren, werden Sie den Unterschied schon nach der ersten Verwendung bemerken. Es ist einfach unvergleichlich.
Ich bin total begeistert und überrascht davon.
Dazu sollte der iWand©, oder der iWand 2© maximal zwei cm von der Flüssigkeit, oder Anderem entfernt sein. 15 bis 20 Minuten reichen vollkommen und die Strukturierung bleibt stabil, wenn das strukturierte Mittel keinen negativen Strahlungen ausgesetzt wird Handy, Kühlschrank, Mikrowelle, PC usw.

Experimentieren Sie - Sie werden begeistert sein!

iWand© - Anwendung
vorher und nachher

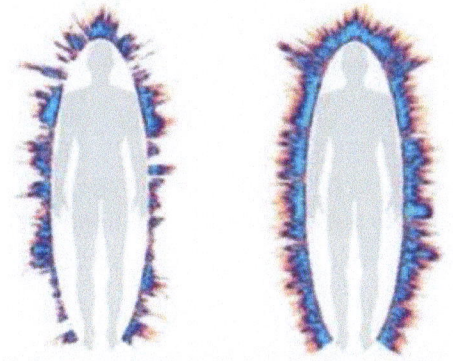

Möglichkeiten zur einfacheren Anwendung und für Zonen die schlechter erreichbar sein können

Assistenten für die iWand´s©

Obwohl der iWand© sehr leicht und einfach einzusetzen ist, kann man in gewissen oft schwer zugänglichen Positionen, z.B. auf dem Rücken, schon mal seine Herausforderungen haben. Dies über längere Zeit zu halten oder überhaupt zu erreichen, erscheint für die meisten Menschen schon fast unmöglich und verhindert es, ihn richtig und lange genug einzusetzen.
Diese unten aufgeführten "Assistenten" helfen Ihnen den iWand© sehr einfach anzuwenden, während man liest, eine Mahlzeit einnimmt, am Computer arbeitet, meditiert oder gar fernsieht, telefoniert oder sich mit der Familie unterhält etc... Diese Ideen sind sehr preisgünstig und praktisch umzusetzen.
Ein Mikrophon Stativ und eine einfache Mikrophonklemme, die man in jedem Musikgeschäft kaufen kann.

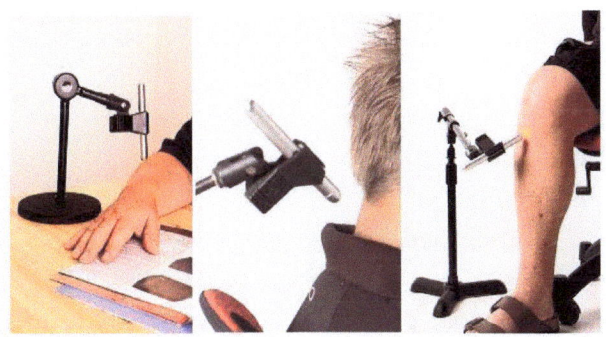

Und hier noch ein paar praktische Ideen, wie Sie den iWand© mit Hilfe eines Elastik-Verbandes einsetzen können.

Man braucht dazu:
Einen Elastik-Verband, wie man ihn in der Krankenpflege und zum Sport einsetzt, am besten

mit Klettverschluss, den es in vielen Farben, Größen und Materialien gibt.
Ein Stück eines Hartschaumstoffes.
In das Band ein kleines Loch schneiden, so dass der iWand© sehr eng sitzt.
Ein Loch in den Hartschaumstoff schneiden, so dass der iWand© sehr knapp durch passt.
Den iWand© durch den Verband und den Schaumstoff führen.
Den iWand© einschalten.
Diesen Gesamt-Verband an die entsprechende Körperstelle anlegen und den Verband mit dem Klettverschluss verschließen.
Darauf achten, dass der iWand© nach dem Anlegen auch eingeschaltet ist und bleibt.

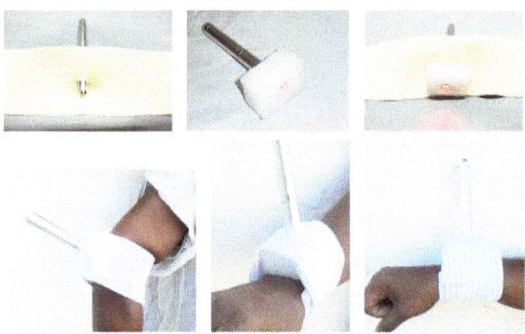

Ich wünsche Ihnen viel Erfolg und ein Leben in Wohlstand, Gesundheit und Liebe.

Falls Sie Fragen haben, freue ich mich auf Ihren Kontakt.

Robert Klaushofer
E-Mail: info@robert-klaushofer.com
https://www.robert-klaushofer.com/
Skype: robert.klaushofer1

Agnihotra
Heile Deine Atmosphäre und
Deine Atmosphäre heilt Dich

Vor 3 Jahren, begannen meine Frau und ich das Buch zu lesen, welches ich jedem empfehlen kann. Neben Agnihotra sind noch sehr viele wertvolle Informationen in diesem Buch verpackt. Es ist so interessant und gutgeschrieben, dass wir es in zwei Tagen gelesen hatten.

Agnihotra hat unser Leben sehr verändert. Es beginnt schon beim Einhalten der Zeiten um das Ritual durchzuführen. Heute wo ich diese Zeilen schreibe, war es um 6:23 und am Abend werden wir um 20:39 beginnen.

Schon alleine der Gedanke der Danksagung zu Gott bewirkt einiges und darüber hinaus die fantastischen Wirkungen des gesamten Rituals.

Es gibt Rezeptbücher und Beschreibungen über die Heilkraft der Agnihotra Asche und das sogar von Pharmazeuten und anderen Menschen die sich mit der Gesundheit von Mensch, Tier und Pflanze auskennen.

Ich möchte hier nur erwähnen, dass die Auswirkungen im Garten sehr schnell zu bemerken sind und dass es KEINEN Grund mehr gibt, chemische Substanzen im Garten, oder der Landwirtschaft zu verwenden. Weltweit gibt es schon sehr viele Bauern und Großbetriebe, die nur noch mit „Homa" = auch Agnihotra, - ihre Felder bestellen und beste Erträge und Qualität haben dies ist Agnikultur.

Auch in der Gesundheitserhaltung und Heilung, gibt es Erfolge, die mehr als erstaunlich sind, bei leichten Beschwerden, wie bei schweren Krankheiten.

Schon alleine die Erfahrungen, die wir persönlich in

den letzten 3 Jahren machten, genügen um ein Buch über diese sensationelle Wirkung von diesem Ritual und der Asche zu schreiben.
Das was das wichtigste ist, ist die Heilung von Mutter Erde!
Agnihotra hat eine Wirkung von 1,5 km in die Breite und bis zu 12 km nach oben. Alle diese Aussagen wurden selbstverständlich getestet und über viele Jahrzehnte beobachtet.
Es erfreut das Herz und gibt Kraft. Reinigt die Psyche, sowie auch alle anderen Ebenen. Ich führe das hier an, weil eine der verbreiteten Gesellschaftskrankheiten, Belastungen der Psyche sind, viele Menschen ausgebrannt und herumirrend sich selbst suchen.
Agnihotra macht uns wieder ganz, gibt Halt und Heilung für alles was ist.
Auf der Webseite Homatherapie, findest Du alle Infos, die Du brauchst.
http://www.homatherapie.de

Die Zeit ist reif, lasst uns unser Bestes zum Wohle Aller geben.
Wir können Alles verändern, schnell und einfach, wir müssen es nur tun!

Wie kann ich die Anwendungen unterstützen

Eine wichtige Ergänzung der Meridiantherapie ist der Psychologische Teil, wie schon oben kurz beschrieben. Das Thema der einzelnen Meridiane und Symptome – die Ausrichtung, sollte bewusst miteinbezogen werden. Erst dadurch kann eine dauerhafte, ganzheitliche Heilung erzielt werden. Ein weiterer guter Aspekt ist, dass wenn Sie die Themen der Meridiane und Ihrer Symptome verinnerlicht haben, die Begleitung Ihres Bewusstseins bei der Anwendung, eine heilende, in die Tiefe gehende, ganzheitliche ist. Ihre Einstellung, Ihr Geist erkennt die Ursachen, was schon ein großer Teil der Heilung ist und durch die Anwendung mit dem iWand© bringen Sie dann die Meridiane in das im Moment beste Funktionieren. Beseitigen Blockaden und korrigieren den Energiefluss.
Ihre Grundausrichtung und die Anwendung mit dem iWand©, wird so zu einem „Spiel", das Freude bereitet, weil Sie die Ursachen im Bewusstsein haben und auflösen können und die körperlichen Symptome gezielt mit dem iWand© behandeln

können.
Grundsätzlich ist es schon höchste Zeit die psychologischen Aspekte in der Heilung miteinzubeziehen, denn die Erfolge der Mediziner und Heilpraktiker, die so behandeln, sprechen für sich. Eine ganzheitliche Auflösung der negativen Um- oder Zustände, erkennt und behebt Ungleichgewichte in der emotionalen, mentalen Ausrichtung, wie zum Beispiel Wut, Angst, Minderwertigkeit, Sorgen usw.
Die Anwendungen mit dem iWand© stellen somit eine ideale Therapieform dar, weil Sie mit dem iWand© und Ihrer Ausrichtung das ungewünschte Zielbewusstsein auf angenehme Weise auflösen können. Das heißt, während der Anwendung programmieren Sie nicht nur Ihren Geist um, sondern eben auch Ihre Zellen, die ganze Situation Ihres Körpers.
Hier möchte ich betonen, dass das nicht heißt, dass Sie sich mit langwieriger, zeitraubender Forschung der Vergangenheit und Ihren negativen ungewollten Erfahrungen beschäftigen sollen, sondern sich neu orientieren, sich mit liebenden, wohltuenden, heilsamen Gedanken und Gefühlen befassen. So wird die Wirkung verstärkt.
Sie haben zum Beispiel das Symptom XY, weil Sie

jahrelang Ihre Person und Wünsche unterdrückt haben. Dann wandeln Sie diesen Umstand gedanklich in das um, was Sie gerne möchten, stimmig ist für Sie und pulsieren mit dem iWand©, diese neue Ausrichtung in die entsprechenden Körperzonen. Sie behandeln zum Beispiel den Meridian-Kreislaufsexus, und geben gleichzeitig das Gefühl und die Gedanken der ganzheitlichen Liebe und das starke Gefühl: „Ich bin das, ich bin". Achten Sie auf die Kommastellung. Ich bin das, ... ich bin. Dieses ganzheitliche Gefühl, ist ein wahrer Segen und mit nur wenigen Wiederholungen, wird dieses Gefühl immer stärker und wird Ihnen Kraft und Energie geben.

Dickdarm:
Loslassen alter Muster, hier können Sie auch gut Ihre Wünsche und Visionen einsetzen.
Lassen Sie alte negative Erfahrungen los indem Sie auf Ihre Gedanken achten. Immer wenn sich die Gedanken um solche Erfahrungen, wie in einem Hamsterrad drehen, gehen Sie über zu dem was Sie wirklich wollen. Malen Sie sich in Gedanken eine neue Zukunft und vor allem Gegenwart.

Dünndarm:
Psychisch kontrolliert dieser Meridian die Aufnahme der Gedanken. Positivieren Sie andere Personen. Sehen Sie das Positive in Ihnen. Alles was in unser Leben kommt, wird von uns in unser Leben durch unser Sosein gezogen. Ursache und Wirkung. Der Dünndarm steht auch für das was man nicht hören will. Alle noch so glaublich negativen Umstände sind hier, um daran zu wachsen, erkennen und vollenden zu können. Dünndarm hat auch etwas mit Unbeweglichkeit zu tun. Verwöhnen Sie sich mit Gedanken des Annehmens, der Flexibilität. Da wo Sie starr auf etwas pochen. Machen Sie anfangs ein Gedankliches Spiel daraus, wenn es noch etwas schwerfällt.
Was wäre, wenn ich dies oder dies zulasse und annehme? Wie würde mein Leben aussehen, wenn ich dies oder jenes akzeptiere?

Kreislauf Sexus- Meridian:
Dieser Meridian hat eine sehr breite Wirkung. Falls Sie Ihre Herausforderung nicht genau kennen, können Sie hier mit Ihren Momentanen Gefühlen und Gedanken arbeiten. Schließen Sie Ihre Augen, spüren Sie in sich hinein, wenn unzufriedene Gefühle oder Gedanken hochkommen, drehen Sie diese in positive

Gefühle und Gedanken um und erzeugen in sich ein harmonisches positives Gefühl. Vielleicht schaffen Sie es auch gleich, die Situationen, von welchen diese Gedanken und Gefühle stammen, in sich so zu ändern, wie es für Sie und alle Beteiligten am besten ist. Wenn nicht, hilft auch hier der Gedanke: Ich bin das, ich bin. Verinnerlichen – spüren.

Herz - Meridian:
Der Herz-Meridian kontrolliert auch die Gefühle und passt die äußeren Sinnesreize an die inneren Verhältnisse an. Störungen im Herz-Meridian wirken sich auf das Körper- und das Seelenleben aus. Gefragt sind Momente der Ruhe. Verwöhnen Sie sich bei der Behandlung dieses Meridians mit ganzheitlicher Liebe und vor allem Liebe zu sich selbst. Wertschätzung!
Ich bin das, ich bin, Liebe zu sich selbst und dem Rest der Welt. Wertschätzung üben.

Dreifacherwärmer- Meridian:
Angesagt, wenn Sie unsicher und extrem vorsichtig sind. Vertrauensvolle Gedanken und Gefühle sind die Heilung. Üben Sie sich im Vertrauen. Es ist immer alles vorhanden was wir brauchen, nur fehlt manches

Mal das Bewusstsein dies zu erkennen.
Vertrauen und innere Gelassenheit, werden die Spannungen, Überreizungen, das extreme Sicherheitsbedürfnis, die Nervosität und Schlafstörungen auflösen.

Magen - Meridian:
Hat mit der Verdauung und dem Annehmen zu tun. Was wäre, wenn ich dies oder jenes in meinem Leben zulasse? Wie kann ich es so verändern, dass es für mich stimmig ist? Was kann ich nicht verdauen – annehmen? Warum nicht? Was wäre wenn?
Vergebung, Akzeptieren, Wertschätzen, liebevolles Annehmen. Gedanken der Vergebung und Annahme können Magenprobleme lösen helfen

Milz - Meridian:
Geben Sie Ihren Mitmenschen die Chance Fehler zu machen, ohne sich gleich um diese kümmern zu wollen und sie unter Ihre Hilfe zu stellen. Gedanken und Gefühle der Gelassenheit, Vertrauen – alles ist gut so wie es ist, auch wenn Sie glauben es könnte besser sein, ist es genau so wie es ist richtig.
Segnen Sie alles und üben Wertschätzung, bleiben Sie bei sich selbst.

Gouverneurgefäß und das Zentralgefäß, behandeln Sie mit dem iWand©, mit liebenden positiven Gedanken zu sich und der Umwelt – auch hier ist Wertschätzung eine schnelle und wirkungsvolle Einstellung.
Lesen Sie sich die Meridiane durch, bis Sie deren Bedeutung verinnerlicht haben.

Gallenblasen - Meridian:
Dieser Meridian reguliert die Fähigkeit Entscheidungen zu treffen. Verwöhnen Sie sich bei der Anwendung mit dem iWand©, mit vertrauensvollen Gefühlen zu sich selbst. Auch ist die Wertschätzung eine sehr gute Übung.
Auch alle anderen Aspekte, wie „Gift und Galle spucken" Alles Ihre Entscheidung, also scheiden Sie sich von dieser Einstellung. Vertrauen, loslassen, lieben.

Lungen - Meridian:
Diesen Meridian können Sie sehr gut mit tiefem Atmen unterstützen. Atemübungen machen und im Gefühl und Gedanken die innenliegende Macht und Kraft an die Oberfläche holen. Den Meister in sich erkennen. Sie sind ganz besonders und einzigartig.

Auch Sie sind ein göttlicher Funke – alles was es gibt.

Hier habe ich ein paar Anhaltspunkte gegeben, wie Sie mit Ihrer Einstellung, die Anwendungen sehr positiv unterstützen können und so eine ganzheitliche Gesundung beschleunigen. Machen Sie es sich leicht und ohne Druck. Einfach und immer wieder. Sie werden an Ihr Ziel kommen, wenn Sie dranbleiben. Wie lange das dauert, sollte nicht wichtig sein.

Falls Sie spezifische Fragen haben, bin ich gerne da

Die Drüsen

Hypophyse: Die Hypophyse ist eine Hormondrüse, der eine zentrale übergeordnete Rolle bei der Regulation des Hormonsystems im Körper zukommt. Sie ist eine Art Schnittstelle, mit der das Gehirn über die Freisetzung von Hormonen Vorgänge wie Wachstum, Fortpflanzung und Stoffwechsel reguliert. Die Hypophyse sitzt im Türkensattel (*Sella*

turcica), einer knöchernen Vertiefung der mittleren Schädelgrube auf Höhe der Nase, mitten im Kopf.

Zirbeldrüse: das tägliche Denken, so wie die Gefühle sind abhängig von der Zirbeldrüse.
Diese Drüse ist auch zuständig für die Produktion von Melatonin und Serotonin.
Die Zirbeldrüse wird auch als Hauptsitz der Seele beschrieben.
Dieses winzig kleine Organ regelt den Tagesrhythmus und den saisonalen Rhythmus, die Schlaf- und Wach-Aktivitäten, den Hormonspiegel, die körperliche Leistungsfähigkeit und einiges mehr.

Schilddrüse und Nebenschilddrüse: oberhalb des Schlüsselbeins liegend. Dieser Drüse dürfen wir auch Aufmerksamkeit entgegenbringen -
Energiestoffwechsel und das Wachstum einzelner Zellen und des Gesamtorganismus. Die Schilddrüse ist Ausgangspunkt für zahlreiche Erkrankungen, die unter anderem zu Störungen des Hormonstoffwechsels führen. Die Nebenschilddrüse hat neben ihren körperlichen Funktionen, eine sehr wichtige Rolle für unsere Spiritualität und unsere Entwicklung. Klopfen und oder massieren belebt und durchblutet diese Drüse mehr. Natürlich sind

Anwendungen mit dem iWand© sehr hilfreich.

Thymusdrüse: diese Drüse wird auch als das Gehirn des Immunsystems oder als Lehrer der T-Lymphozyten bezeichnet. In der Kindheit spielt sie eine große Rolle und beim. Erwachsenen verliert das Organ, das hinter dem Brustbein liegt an Größe. Wenn wir immer wieder unsere Brust an dieser Stelle klopfen, erleben wir Energiezuwachs und diese Drüse bleibt länger vital. Auch die Orang-Utan zeigen uns wie das geht. Die Thymusdrüse schafft durch Klopfen Kraft und Energie, kann uns aus schlechten Gefühlen helfen.

Nebenniere: diese sind hauptsächlich für unseren Energiehaushalt zuständig und haben nebenbei noch sehr viele Aufgaben. Durch Klopfen werden diese sehr angeregt und können ihre Aufgaben besser erfüllen. Sie produziert über 40 Hormone, wirkt sehr stark auf den Stoffwechsel z.B. Blutzucker, wirkt entzündungshemmend, reguliert den Wasser- und Salzhaushalt, mitverantwortlich für die Spermien Produktion, das sexuelle Verlangen, die Potenz und vieles mehr.

Drüsenaktivierung

Durch Klopfen der Schilddrüse, Thymusdrüse und der Nebennieren.

200 Mal jede der drei Drüsen. Die Nebennieren werden gemeinsam beklopft. Sie liegen unter dem letzten Rippenbogen auf der hinteren Seite über den Nieren.
Die Schilddrüse können Sie auch massieren, wenn das angenehmer für Sie ist.
Wenn Sie Übung haben, wird dies nur wenige Minuten in Anspruch nehmen.

Falls Sie keine 200 Mal schaffen, machen Sie es auf 2 oder 3 Mal, doch immer alle drei. Wenn Sie nur zwei machen, haben Sie möglicher Weise einen Stillstand der Drüsen und nur eine Drüse beklopfen wird nur diese eine etwas aktivieren.
Fangen Sie langsam an. Zum Beispiel mit 50 Mal. Die Wirkung wird Sie überraschen.
Sie ist belebend und stärkend. Steigern Sie sich langsam den 200 Mal entgegen. Diese Übung wirkt verjüngend, kräftigend, und aktiviert viele wichtige Abläufe.

Kolloidales Silberwasser

Auszug aus dem Buch von
Gerhard P. Kirchmair GPK
http://kolloidales-silberwasser.info/

"Kolloidales Silber ist einer der wirkungsvollsten Bakterienkiller und entpuppt sich als ein Wunder der modernen Medizin. Ein Antibiotikum eliminiert vielleicht ein Dutzend verschiedene Krankheitserreger, kolloidales Silber ca. 650!"

(Hervorhebung von mir GPK)
Science Digest, März 1978

"Es steht nicht in Konflikt mit irgendeiner anderen Medikation und führt auch nicht zu Magenbeschwerden. Tatsächlich ist es eine Verdauungshilfe. Es brennt nicht in den Augen. **Medizinjournal-Berichte und dokumentierte Studien der letzten hundert Jahre sprechen von keinerlei Nebenwirkungen durch oral oder intravenös verabreichtes Silberkolloid, weder bei Tieren, noch bei Menschen.** Es wurde mit hervorragenden Ergebnissen bei hochakuten Gesundheitsproblemen eingesetzt. Ohne übertreiben

zu wollen: **Es ist an der Zeit, kolloidales Silber nicht nur als sicherste, sondern auch als wirksamste Medizin der Welt anzuerkennen."** (Hervorhebungen von mir GPK) Perceptions Magazine (Auszug)

Was ist dieses kolloidale Silber, in der Umgangssprache einfach „**Silberwasser**" genannt, eigentlich? Ganz vereinfacht gesagt ist es, wenn es richtig hergestellt wurde, destilliertes Wasser mit hochreinen Silberdingen, den Rest beschreiben ganz gut die oben angeführten Auszüge.

Jetzt tritt natürlich die berechtigte Frage auf: „Ja, wenn das so ein tolles Mittel ist, wieso wird das dann nicht schon überall verwendet?" und "Wieso habe ich dann noch nichts davon gehört?"

Meine Meinung dazu ist folgende: Silber ist ein natürliches Element und daher nicht patentierbar und somit ist es für die Pharmaindustrie relativ uninteressant. Außerdem würde es sicher eine ganze Menge an herkömmlichen Pharmazeutika unnötig machen und das ist natürlich auch nicht im Interesse dieser Firmen.

Ungeachtet dessen sind in den letzten Jahrzehnten viele neue Produkte auf den Markt gekomen, in denen Silber in der einen oder anderen Form wieder vermehrt Verwendung findet (z.B. Pflaster mit silberbeschichteter Wundauflage, Cremen mit Silberkolloiden, ...usw.).
Aufgeschlossene Wissenschaftler beginnen auch wieder in diesem sehr, sehr interessanten Bereich zu forschen.
Auch findet man Silberwasser in immer mehr Apotheken, Reformhäusern und bei komplementärmedizinisch orientierten Ärzten und Therapeuten. Scheinbar erinnert man sich wieder der vielseitigen Fähigkeiten des Silbers.
In Flugzeugen und Schiffen sind die Wassertanks innen versilbert um die Haltbarkeit des Wassers zu verlängern und Bakterienwachstum zu verhindern bzw. werden auch „Silberfilter" in der Wasseraufbereitung verwendet. Man sagt auch, dass schon die alten Römer Silbermünzen in ihre Wasserbehälter und Milchkrüge warfen um die Haltbarkeit des Wassers bzw. der Milch zu verlängern.

Ich selbst kenne und verwende Silberwasser seit ca.

25 Jahren. Früher hatte ich jedes Jahr in der Herbst- und Winterzeit Grippe, Verkühlung, Fieberblasen
(Herpes) und Schnupfen.
Seit ich Silberwasser nehme sind alle diese Sachen "auf einmal verschwunden". Auch aus dem Familien-, Freundes- und Bekanntenkreis kann ich nur über die besten Erfahrungen berichten. Für Tiere und Pflanzen ist es ebenfalls sehr gut geeignet.

Die heutige Krise im Gesundheitswesen und die immer weiter abnehmende Wirksamkeit von Antibiotika lenkt den Blick wieder zurück auf die Kolloide –
ganz besonders auf die extrem vielseitigen Anwendungsmöglichkeiten von kolloidalem Silber.

Silberwasser in guter Qualität ist, meiner Meinung nach, ein geniales Produkt, das in jeden Haushalt gehört und das bei sehr vielen „Unannehmlichkeiten" einfach, optimal und völlig nebenwirkungsfrei hilft!

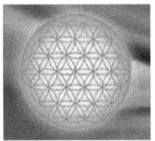

Interessantes

Leben mit der Alpha-Scheibe - | Leicht zu finden auf YouTube http://shop.alpha-synapsen-programmierung.de/

Harald Kautz Vella - Selbstermächtigung - Der Weg zurück ins Paradies | Leicht zu finden auf YouTube sehr interessant

Germanische NEUE MEDIZIN®
http://neue-medizin.de/

Anastasia- von Wladimir Megre,
für mich die wichtigste Lektüre unserer Zeit
http://zedernshop.com/

Rosina Kaiser - Russische Heilzahlen in der Praxis:
leicht zu finden auf YouTube http://www.rosinakaiser.de/

Agnihotra – Homatherapie
http://www.homa-hof-heiligenberg.de/ hier gibt's alles Wissenswerte über Agnihotra

Zum Thema Impfen

Ich bitte Euch aus tiefstem Herzen, sich über das Thema "Impfen" zu informieren. Vor allem ein Appell an alle Eltern und die, die welche werden wollen.

Infos finden Sie dazu auch unter:

<u>Impfen Sinn oder Unsinn</u>
Leicht zu finden auf YouTube sehr interessant
<u>Impfkritik.de</u>
Ist eine informative Seite
<u>Anita Petak: Krank durch Impfen?</u>
Anita Pertak hat viele Jahre recherchiert und bringt Aufklärung/You Tube
<u>Impfung | Die tödliche Lüge</u>
Leicht zu finden auf YouTube sehr interessant

Informiert Euch, denn das ist lebenswichtig, für uns, unsere Nachkommen, Mutter Erde und allem was ist.

Hilfreiche Menschen

Gerhard P. Kirchmair - GPK
Seit ca. 25 Jahren im komplementärmedizinischen Gesundheitsbereich tätig.
War Referent bei der Gesundheitsberaterausbildung und an der Vitalakademie.
Silberwasseranwendung und Forschung seit ca. 25 Jahren, Herstellung von qualitativ hochwertigem Silberwasser seit ca. 15 Jahren.
Anfragen für Vorträge / Schulungen:
silberwasser@aon.at
http://kolloidales-silberwasser.info/

Gesundheitszentrum Goldach
Justyna Trzaskowski und Othmar Reize
Neumühlestrasse 9
CH – 9403 Goldach SG Schweiz
www.gesundheitszentrum-goldach.ch
o.reize@bluewin.ch
Telefonnummer 0041 71 841 62 26
Heilpraktikerin

Sandra Oettel
Maronenhain 8
54296 Trier (Petrisberg)
Fon: +496515616900
Mobil: +491776020302
E-Mail: info@sandraoettel.de
http://www.sandraoettel.de/

BRILLICON Seminarorganisation
Aurachirurgie
Brigitte Kellermann
Dorpater Str. 11
81927 München
Tel. 089-93 09 42 40
Fax. 089-93 09 42 43
Email: info[at]brillicon.de
http://www.brillicon.de/

MET Klopf Dich Frei
Rainer Franke
http://klopfen.de/
Über Skype zu erreichen
Skypename: Met-Akademie
Bürozeiten Montag bis Freitag 10.00h bis 14.00h

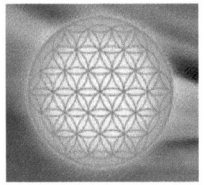

Falls Sie Fragen, oder Wünsche haben, bin ich gerne für Sie da.

lichtvolle Grüße
Robert -Klaushofer
E – Mail : info@robert-klaushofer.com
https://www.shop.robert-klaushofer.com
https://www.robert-klaushofer.com
Skype: robert.klaushofer1